W0212620

L'EMPIRE

DES MÊMES AUTEURS

La Bonne Soupe, Comment le 13 heures de TF1 contamine l'info
Les Arènes, 2006

Raphaël Garrigos
Isabelle Roberts

L'empire

Comment Vincent Bolloré a mangé Canal+

Seuil LES JOURS .FR

ISBN 978-2-02-134718-0

© ÉDITIONS DU SEUIL, SEPTEMBRE 2016

Le Code de la propriété intellectuelle interdit les copies ou reproductions destinées à une utilisation collective. Toute représentation ou reproduction intégrale ou partielle faite par quelque procédé que ce soit, sans le consentement de l'auteur ou de ses ayants cause, est illicite et constitue une contrefaçon sanctionnée par les articles L. 335-2 et suivants du Code de la propriété intellectuelle.

www.seuil.com

Préface

C'est une histoire de violence. C'est une histoire de vengeance, de pouvoir, d'argent, mais c'est avant tout une histoire de violence. Oh, personne n'est mort et ceux que Vincent Bolloré a passés par la fenêtre parce qu'ils ne voulaient pas prendre la porte s'en sont tirés avec des ecchymoses à l'orgueil et des chèques de départ correspondant à leurs gros émoluments. Mais Canal+ a été mise au pas. La belle affaire, nous direz-vous : ces gandins ajustés dans leurs vaniteux costumes, leur fameux esprit Canal devenu fantôme pour autant qu'il ait jamais été autre chose qu'un gaz régressif des années 80, leur argent, leurs fêtes, leur club. Vincent Bolloré leur a imposé sa vision du monde, un monde où l'on sacre celui qui met des nouilles dans le slip d'un de ses employés, où *Les Guignols* doivent débiter du sketch pour faire rire en français, en espagnol et en mandarin, où il faut piocher les invités de ses émissions dans le catalogue maison, où le journalisme ne s'envisage qu'en une vitrine *corporate* des productions estampillées Canal+, Vivendi, Universal, Havas, estampillées Bolloré.

Vincent Bolloré, c'est aussi une histoire de journalisme. Et même une obsession journalistique. *L'Empire, comment Vincent Bolloré a mangé Canal+* est en effet une enquête dont les épisodes ont été publiés de janvier 2016 à juillet 2016 sur le site *Les Jours*. Un site d'information sur abonnement et sans publicité lancé par un collectif de journalistes avec un but : sortir du flux insensé des nouvelles débitées à la chaîne, où une info chasse l'autre, sans contexte, sans mémoire. Aux *Jours*, nous nous emparons d'un sujet et nous ne le lâchons plus, des mois durant, c'est ce que nous appelons nos « obsessions » mises en scène à la façon de séries : la classe de 3e d'un collège, la Turquie qui bascule, une enquête dans les entrailles du streaming ou le retour des jihadistes français… Ce livre sur Vincent Bolloré et Canal+ inaugure une collection des *Jours* avec les éditions du Seuil.

L'Empire, l'obsession consacrée à Vincent Bolloré, se poursuit sur *Les Jours*. Elle est menée comme nos autres obsessions. Un travail long, patient, en profondeur, rythmé par l'actualité. Nous avons rencontré des dizaines de témoins dans tout l'empire de Vincent Bolloré. Certains l'ont quitté, d'autres y sont encore. Certains vouent à Vincent Bolloré une rancune tenace, d'autres admirent l'animal ; parfois, ce sont les mêmes. Tous, à de très rares exceptions, ont exigé l'anonymat. Un classique du secteur des médias que le *off*, ces citations sans auteur identifié qui exigent donc un travail de recoupement du moindre témoignage. Mais, pour raconter ce petit monde depuis des années, jamais nous n'avions vu de telles précautions : rencontres les plus éloignées possibles des lieux où croise la faune médiatique, téléphone au numéro inconnu acheté pour la conversation, mails cryptés, messageries alternatives… Évidemment, nous avons, à de multiples reprises, demandé audience à Vincent Bolloré, à Vivendi, à Canal+, réclamé des réponses, des interlocuteurs, des contradictions, des versions officielles : en vain.

Les héros de l'Empire

Vincent Bolloré
64 ans, patron (de Vivendi, d'Havas, de Canal+…)

C'est le Saigneur de Canal+, le Dépeceur de Belmer, l'Étrangleur de Meheut, l'Estourbisseur d'Aprikian, l'Égorgeur de DRH… Faut-il encore présenter Vincent Bolloré ? Allez : il a 64 ans et, le 17 février 2022, 200 ans après la création du groupe en 1822, il léguera son empire à ses enfants. Son empire ? Deux-trois bricoles : du transport, de la pub, de l'énergie, des Autolib, quelque trente filiales dont Vivendi, la maison mère de Canal+.

Rodolphe Belmer
47 ans, ex-numéro 2 de Canal+

Dire qu'il prend de la hauteur après son éviction de Canal+ tient de l'euphémisme : désormais, c'est dans l'espace qu'on trouve Rodolphe Belmer, nommé patron d'Eutelsat, l'opérateur de satellites européen. Il n'est pas interdit de penser qu'à 47 ans, celui qu'à Canal+ tout le monde appelait « Rodolphe » se met là en réserve de la République en attendant des jours meilleurs. Quand il arrive en 2003 à la tête de Canal+, ça daube dans les couloirs : Belmer, après Procter&Gamble puis McKinsey, débarque du marketing. Mais il fait son chemin au sein de la chaîne cryptée, lance Le Grand Journal *version Michel Denisot, développe les séries maison, rachète Direct 8 à Bolloré. Signant son propre arrêt de mort, puisque c'est par cette acquisition que Bolloré prendra le contrôle de Vivendi, et finira par virer Belmer.*

Maxime Saada
46 ans, nouveau numéro 2 de Canal+

C'est une affiche de Scarface *qui accueille le visiteur dans son bureau mais Maxime Saada tient moins d'Al Pacino que de John Turturro. Il a 46 ans, il a travaillé chez McKinsey, il a rejoint Canal+ côté marketing avant d'en devenir le numéro 2. Oui, son parcours est exactement le même que celui de Rodolphe Belmer dans les traces duquel Maxime Saada n'a cessé de marcher. Jusqu'à lui marcher dessus et le remplacer à la faveur de son éviction en juillet dernier. En plus de son poste de numéro 2 de Canal+, il vient de se voir confier Dailymotion, la plateforme de vidéos détenue par Vivendi. C'est marrant, avant de se faire virer, Belmer aussi a pris du galon.*

Alain De Greef
Défunt directeur des programmes de Canal+

Mourir en juin 2015, au moment des premières rumeurs de suppression des Guignols, *être enterré le jour où Bolloré vire Belmer, et avoir des amis qui vous organisent une soirée d'hommage au soir d'un comité de management où Bolloré met en scène « une séance de terreur et d'humiliation », on ne peut pas retirer à feu Alain De Greef un certain sens du timing. Jusque dans sa mort, l'historique directeur des programmes de Canal+ aura pesé sur la chaîne, celle dont il a ciselé les programmes, fait naître des* Guignols, *des* Nulle Part Ailleurs, *des* Groland... *de 1984 à 2000. De Greef comparait le travail de programmateur avec celui d'un peintre : « S'il faut faire les* Nymphéas *avec uniquement du rouge et du noir, je le ferai. Comme je suis un provocateur, il m'arrive aussi de faire les* Nymphéas *avec du caca et du vomi. » C'est sûr qu'entre ça et Bolloré qui se targue de ne pas être un prix Nobel, il y a une légère baisse de niveau à Canal+.*

Bertrand Meheut
65 ans, ex-président du groupe Canal+

Il est arrivé à Canal+ en même temps que Rodolphe Belmer, surnommé « le gars du marketing ». Lorsqu'il remplace Pierre Lescure en 2002, Bertrand Meheut, lui, a eu droit à « Baygon vert ». Ou, variante, « Baygon jaune ».

Ou bien « le gars des pesticides », puisque c'est là, chez Rhône-Poulenc, qu'il a fait une bonne partie de sa carrière. Moins glamour que les médias, certes, mais Bertrand Meheut s'y est fait, petit à petit, on a pu le noter au cours des années, à un changement de lunettes ou à un nouveau costume, plus cintré. Meheut et Belmer ont longtemps formé un couple harmonieux, le numéro 1 au business d'un côté, le numéro 2 aux programmes de l'autre. Et puis Belmer a été promis au fauteuil de Meheut et le couple a commencé à tanguer. Enfin Bolloré est arrivé, virant d'abord Belmer puis Meheut : pas de jaloux.

Ara Aprikian
50 ans, ex-chef du pôle gratuit de Canal+

Voilà l'homme qui a orchestré la conversion de Canal+ au gratuit. Piqué à TF1 en 2005 (il était directeur des divertissements), Ara Aprikian commence mollo à Canal+ avant de se voir confier ce qui sera son grand œuvre : la nouvelle grille de D8, fraîchement rachetée à Vincent Bolloré. Le retour de Nouvelle Star *? C'est lui. Le réchauffage du* Maillon faible *? C'est lui. Hanouna tous les jours ? C'est lui. Mais autant Cyril Hanouna est, disons, un chouille exubérant, autant son patron Ara Aprikian est discret. Très proche de Rodolphe Belmer, il quitte le groupe après son départ à l'été 2015. Fin septembre, le voilà de retour à TF1 pour un poste de « conseiller spécial ».*

Serge Nedjar
58 ans, dirlo d'i-Télé

Voilà un patron qui sait se faire aimer. Sitôt son arrivée fin mai 2016 à la tête d'i-Télé depuis Direct Matin, le gratuit de Bolloré chargé de promouvoir les produits maison, Serge Nedjar a commencé par annoncer la suppression de 50 postes, soit un quart de la rédaction de la chaîne info. Et dans la foulée, entre autres invités Universal fourrés dans la grille, il dit vouloir la remplir de programmes sponsorisés et de publireportages. Et là il leur fait comprendre qu'il voudrait que ce soient les journalistes d'i-Télé qui les fassent. « Et je vais vous dire une chose, déclare Nedjar aux représentants de la Société des journalistes qu'il reçoit alors, il n'y aura rien à discuter parce que vous ferez ce qu'on vous dit de faire. » Charmant et même très charmant puisqu'il ajoute ensuite, à l'attention du président de la SDJ d'i-Télé : « Quand je vois des gens comme vous, ça ne me donne pas envie. » Serge Nedjar s'est, en retour, mangé dans les dents une motion de défiance votée à 89,5 %, et une grève, inédite dans l'histoire d'i-Télé, de quatre jours.

Cyril Hanouna
42 ans, chante *Les Sardines*

Cyril HihiHIIIHAHAHAHAAnouna, c'est ainsi que, dans une autre vie, nous appelions Cyril Hanouna. Ça va, nous aussi on a le droit d'être contents de nous. Tout comme

Hanouna dont la particularité est de s'esclaffer bruyamment de ses propres blagues, de ses propres sketchs, de sa propre émission. Mais qui se souvient qu'Hanouna alias « Baba » pour ses millions de « fanzouzes », ses fans et followers sur Twitter, a longtemps été ce type qu'on essayait dans des émissions d'été sur France 2 avant de le jeter, l'éternel remplaçant. Et puis, un jour, l'illumination : une table, des chroniqueurs, et on parle de télé. C'est Touche pas à mon poste *qu'il vend à France 4 avant de la refourguer à D8 tout juste rachetée par Canal+ avec armes, bagages et chroniqueurs. Et ça marche. Peu à peu, Hanouna taille des croupières télévisuelles à tout le monde notamment – et là, il y a vraiment de quoi s'esclaffer –, à la chaîne mère Canal+. De télé, il est de moins en moins question ; d'affubler les chroniqueurs de perruques et de se jeter peinture, œufs et autres zakouskis à la face, en un bizutage géant à écran ouvert, beaucoup plus. Au son des* Sardines *de Patrick Sébastien. Et, en roue libre, Hanouna enfle, Hanouna gonfle, HanounaaahahHAHAHAHA.*

Bolloré, le plug Canal

11 janvier 2016

Il aura mis le temps, tapi dans l'ombre, guettant sa proie, patiemment. Quand, en juillet 2015, Vincent Bolloré se met à dégommer une à une toutes les têtes de Canal+, ça fait un an déjà qu'il a été nommé président du conseil de surveillance de Vivendi, la maison mère de la chaîne cryptée, à la faveur du rachat – en 2011 – de la citrouille Direct 8 que Canal+ a transformée en carrosse D8.

Jusqu'en janvier 2015, il est même invisible dans les locaux bicéphales du groupe, qui se partagent entre le business à Issy-les-Moulineaux (place du Spectacle, on ne rit pas) et les programmes à Boulogne, à un jet de cerveau de la tour TF1. Soit, d'un côté, Bertrand Meheut en président de Canal+ et, de l'autre, Rodolphe Belmer en directeur général chargé des programmes. Le second, appelé depuis des lustres à remplacer le premier, trouve qu'à force de poireauter les lustres s'empoussièrent sérieusement.

Depuis que Vincent Bolloré a mis un pied dans la porte, le bruit court, c'est sûr, Belmer va sauter. En juillet 2014, *Challenges* rapporte un comité de direction de Canal+ au cours duquel Bolloré annonce la couleur : « S'agissant de la stratégie du groupe Vivendi comme de celle de Canal+, je vais être clair : il n'y a que moi qui parle. » Et l'hebdomadaire de rapporter les propos du désormais patron de Vivendi quand on l'interroge sur l'avenir de Belmer à la tête de Canal+ : « Canal+ n'a qu'un patron, c'est Bertrand Meheut. »

Si ça sent déjà furieusement le roussi, à l'époque, Rodolphe Belmer – qui est un proche de Yannick Bolloré, le fiston – ne veut pas y croire. Et puis le tout est dûment démenti. C'est ainsi que se déroulera le raid Bolloré sur Canal+, par saccades : toc, un coup de patte, et puis on laisse filer sa proie avant de la rattraper d'une griffe ; c'est tellement plus drôle.

Donc, en apparence tout va bien. À la mi-janvier 2015, Rodolphe Belmer est même promu – c'est du moins ainsi que l'affaire est présentée – président de Vivendi Contents. Belmer apprend sa nomination en même temps qu'elle est annoncée dans un mail interne. Dans ce courrier de Vivendi publié alors par BFM Business, Vivendi Contents est décrite comme ayant « pour missions la conception, l'animation du développement de nouveaux formats de contenus, que ce soit dans la musique ou les images ». Ça, c'est sur le papier. Parce que le rêve de Vincent Bolloré est plus grand encore. Il l'a dit en prenant les manettes de Vivendi, il veut faire travailler ensemble les différentes filiales : « Si l'on regarde aujourd'hui les activités médias qui composent le groupe [...], on constate que la croissance de chaque entité est modeste. Mais le groupe recèle une valeur cachée qui est celle des synergies pouvant être mises en œuvre. Il faut combiner les forces de ces différentes affaires. »

L'intégration verticale

Pour faire simple, disons qu'il s'agit de produire un film StudioCanal avec une artiste Universal en tête d'affiche, d'assurer la promo du chef-d'œuvre ainsi réalisé dans *Le Grand Journal* de Canal+, lequel chef-d'œuvre aura une critique des plus laudatrices dans *Direct Matin*, sera ensuite décliné en comédie musicale dont la tournée ne manquera pas de passer par l'Olympia, celui de Bruno Coquatrix à Paris, racheté par Bolloré, mais aussi par CanalOlympia, la salle qu'est en train de créer l'homme d'affaires à Conakry, en Guinée. Ça distraira les dockers de Conakry Terminal, la filiale de Bolloré Africa Logistics qui construit une plate-forme portuaire dans la ville, où l'envoyé spécial d'i-Télé, pardon CNews comme a décidé de la renommer Bolloré, ne manquera pas de couvrir l'événement et la chaîne C17[1] de le retransmettre en direct. C'est beau, hein ?

L'intégration verticale, ça s'appelle. Et ce modèle-là, Bolloré veut le systématiser. En plus de la nomination de Belmer, Bolloré institue des « séminaires cofounders » (les « cofondateurs »…). Trois heures de réu hebdomadaire, chaque mardi aprèm au siège de Vivendi avenue de Friedland, à Paris, qui rassemblent jusqu'aux 30 plus gros salaires du groupe, toutes filiales confondues. « On devait réfléchir à la stratégie de Vivendi, explique l'un d'eux aux *Jours*, mais on ne prenait que des microdécisions. Quinze

1. C17, ce devait être le futur nom de D17, mais elle s'appellera en fait CStar pour CanalStar, a-t-on appris fin juin 2016.

personnes pour des décisions à 200 000 euros, c'est pas sérieux. » Une autre renchérit : « C'était devenu une joke entre nous ; on ne regardait que des petits dossiers, rien de gros, une salle de spectacle ou encore Radio Nova[1] ». Un autre des « cofounders » assène que ces réunions sont « comiques, pas préparées, pas structurées ». En revanche, « on n'y parle jamais d'éditorial, uniquement de développement ». Ça viendra.

Et vite : en février 2015, Vincent Bolloré, d'ordinaire avare de sa parole médiatique, choisit sur France Inter d'adresser un avertissement à Canal+. Interrogé sur cette tarte à la crème qu'est l'esprit Canal, Bolloré envoie du pâté : il y a « parfois un peu trop de dérision. Je préfère quand ils sont plus dans la découverte que dans la dérision. Parce que parfois, c'est un peu blessant ou désagréable. [...] Je trouve que se moquer de soi-même, c'est bien. Se moquer des autres, c'est moins bien. » Bah non, estiment *Les Guignols de l'info* qui, le soir même, griffent son sens de « la dérision acceptable ». Léger érythème dans les relations Bolloré-Canal qui s'estompe bien vite. En apparence.

À la mi-mai 2015, ça gratte carrément, mais personne ne voit rien. Ce n'est qu'en juillet que l'hebdomadaire *Society* et Mediapart révèlent que Bolloré a exigé de Belmer qu'il déprogramme une enquête sur le Crédit mutuel, une de ses banques d'affaires dirigée par son pote Michel Lucas.

Car en surface, pourtant, ça roule. C'est tout seul comme un grand et sans en référer à Bolloré qu'en avril Bertrand

1. Nova a finalement été rachetée par Matthieu Pigasse. Le montant n'a pas été dévoilé mais les vendeurs en attendaient entre 15 et 20 millions d'euros.

Meheut embauche Delphine d'Amarzit au poste de secrétaire générale – une tour de contrôle à Canal+. Un type sur le départ ne procéderait pas à ce genre de recrutement de haut vol. De même, de France Télévisions où il dirigeait l'info et France 2, Thierry Thuillier atterrit-il en juin à la tête des sports de Canal+, l'un des principaux piliers du groupe. Et c'est Rodolphe Belmer qui le carotte au service public. Pas le signe non plus d'un homme en délicatesse avec son actionnaire.

Ce même Belmer qui vient de reconduire Antoine de Caunes à la tête d'un *Grand Journal* qu'il compte sacrément ripoliner à la rentrée de septembre 2015 du fait des mauvaises audiences, un insupportable déclin pour la vitrine en clair de la chaîne. Ce même Belmer qu'à la mi-juin, lors d'une réunion des « cofounders » délocalisée à Londres (virée à Abbey Road incluse, raconte *Challenges*), Bolloré « présentait comme l'homme qui monte », se souvient encore estomaqué un participant. Ce Belmer-là se retrouve viré quinze jours plus tard. L'homme qui monte est redescendu d'un coup.

Belmer, la cible qu'on voit danser

18 janvier 2016

Le Prytanée, le lycée militaire de La Flèche (Sarthe), produit parfois de belles choses : Belmer dans les années 80 et Descartes dans les années 00 (mais du XVIIe siècle). « Je pense donc je fuis. » La formule est à peu près de Descartes – que personne ne songerait à appeler René –, mais elle colle parfaitement à Belmer, que tout le monde à Canal+ appelle – ou plutôt appelait – Rodolphe.

Belmer, donc (désolés, on n'a pas élevé les abonnés ensemble), fuit. Du moins la presse. Impossible de le convaincre de se faire tirer le portrait dans *Libération* (où les auteurs ont travaillé pendant plusieurs années), un exercice qui nécessite une rencontre avec l'intéressé. Il ne parle pas beaucoup, réfléchit longuement avant de l'ouvrir et rit toujours à rebours. Résultat, côté peopleries, ça va aller vite : breton de naissance, fils de général (d'où Le Prytanée), une femme, quatre enfants, pratique l'escrime, la marche à pied, aime la littérature russe et c'est à peu près tout. Ouais, pas très *show off*, le Belmer.

Un « Nulle Part Ailleurs » regriffé en « Grand Journal »

En 2003, son arrivée aux commandes de Canal+ au sortir de la crise Messier-Lescure fait s'hérisser quelques poils : le type du marketing ! Il est vrai qu'avec un Bertrand Meheut débarquant quant à lui du secteur des pesticides, ça faisait un peu bizarre : « Avec Meheut Finances et Belmer Marketing, la chaîne est entre les mains les plus compétentes pour assurer son renouveau créatif », daube alors un vieux de la vieille de Canal+.

La méthode Belmer ? *Back to basics*. Alors que Canal+ s'est égaré, dans sa période post-Lescure-De Greef, entre d'erratiques Emmanuel Chain, Frédéric Beigbeder et Maurad pour sa tranche en clair, Belmer fait ce qu'il sait faire : du marketing. Et pose une question simple : Qu'est-ce qui fait l'identité de la chaîne cryptée ? Pour prononcer un gros mot : esprit Canal, es-tu làààààà ? Et, ô surprise, alors que l'ère Messier avait consisté à éradiquer toute forme d'ironie, Belmer d'expliquer que ce que les abonnés veulent, c'est du show, de l'humour, du mauvais esprit – sans oublier le ciné et le foot pour le crypté.

Rodolphe Belmer, pas saltimbanque pour un sou mais biberonné au Canal+ des années 80, remet la chaîne cryptée sur ses vieux rails (on ne rit pas), en l'espèce Michel Denisot pour un *Nulle Part Ailleurs* regriffé en *Grand Journal*. Ça marche et voilà que, peu à peu, Canal+ s'énamoure d'un Belmer pourtant usiné chez HEC et passé par la boîte à études de marché McKinsey. Pardon, d'un Rodolphe. À

Canal+, on doit pratiquer le *name dropping* en séminaire de motivation, comme d'autres le saut à l'élastique.

Belmer range sa chambre et fait son lit au carré

Sans vouloir clichetonner sur nos amis militaires, Belmer aime l'ordre ; du coup, il range sa chambre et fait son lit au carré. Canal+ a beaucoup de cinéma et de sport mais tout est sens dessus dessous. Il va donc « éditorialiser les offres » (on vous a dit que Belmer était féru de littérature ?). Ça veut dire créer des rendez-vous pour les films, genre « box office », « coup de cœur », etc. Mais aussi des bouquets de nouvelles chaînes avec des droits déjà existants reconditionnés en Canal+ Family, Canal+ Cinéma, Canal+ Séries, etc.

L'époque est aux séries ? Canal+ va renforcer ses achats à l'étranger et développer une ambitieuse politique de séries maison ; « création originale » on dit, quand on est chic et crypté. Les droits du foot explosent, la faute à une ligue très gourmande et de nouveaux concurrents ? En 2008, Canal+ réussit à contenir les ardeurs d'Orange en calculant au poil près les moyens de l'opérateur télécom et en épluchant toutes les déclarations de ses dirigeants dans la presse afin d'y déceler les matchs visés et faire une mise *ad hoc*.

Malin, pragmatique, lucide et pas ramenard, le voilà, le Belmer que Canal+ aime appeler Rodolphe. Seulement il y a Rodolphe mais il y a aussi Bertrand. Bertrand ? Bertrand Meheut, qui est numéro 1 de Canal+ quand Belmer est numéro 2. Pendant des années, l'attelage fonctionne. En apparence en tout cas. Début 2012, voilà même que Belmer est promis à un avenir plus grand encore, puisqu'il est décidé qu'il va succéder l'année suivante à Meheut. Il prend du galon dans le groupe, ses responsabilités s'étendent peu à peu, il devient plus business et moins programmes. Même si, en 2013, l'idée d'installer Antoine de Caunes au *Grand Journal* est de Belmer, c'est Maxime Saada qui a officiellement désormais la haute main sur les heures en clair de Canal+. C'est d'ailleurs Saada (qu'on appelle rarement Maxime en interne) qui présente la nouvelle grille au printemps 2014. Belmer monte, donc, mais continue de se cogner au plafond Meheut moins déboulonnable qu'annoncé. Et qui trouve que Belmer le pas ramenard la ramène un peu trop, que Belmer le discret est un peu trop voyant.

En 2011, c'est pourtant ensemble que Belmer et Meheut font leur grande acquisition et entrée dans le monde de la télé gratuite : Direct 8, tadaaa. La créature TNT de Vincent Bolloré, octroyée gracieusement par un tout aussi gracieux Conseil supérieur de l'audiovisuel (CSA) en 2005. La créature clopinante, ridicule, de Vincent Bolloré diffusée tout en direct de la tour Bolloré à Puteaux (Hauts-de-Seine), pains techniques et poulets en peluche inclus, avant de se muer en chaîne à base de Jean-Marc Morandini. Dans un fascinant mouvement de double balle dans chacun de ses pieds, avec le rachat de Direct 8, Canal+ crée de toutes pièces un concurrent à son *Grand Journal* en recrutant Cyril Hanouna et, par échanges d'actions, fait monter au capital de Vivendi Vincent Bolloré, son futur équarrisseur.

Et voilà que tout se fendille : l'Américain Netflix qui débarque et vient tailler des croupières numériques au vieux

Canal ; BeIN Sports et ses brouzoufs qataris qui raflent les droits sportifs à tour de bras ; BFMTV qui bouffe i-Télé ; *Le Grand Journal* qui s'épuise et Belmer qui s'entête, le producteur Renaud Le Van Kim encore et toujours reconduit à la tête de l'émission phare tandis que la chaîne se gratte la tête et jase ; les abonnés qui s'enfuient ; et Belmer et Meheut plus que jamais en guerre. À la fin, ils ne se parlent plus. Se mettent des bâtons dans les roues à qui mieux mieux. Un producteur témoigne : « Les deux dernières années de Belmer, c'était pas possible parce que lui et Meheut se paralysaient l'un l'autre : on te disait oui dans un bureau et tu allais te faire foutre dans l'autre. »

Finalement, Rodolphe Belmer sautera avant Bertrand Meheut. Dans un article de *Libération* signé de vos serviteurs et publié au moment où avait été annoncé le remplacement prochain de Meheut par Belmer, un « proche » nous déclarait ceci : « Dans ces milieux, c'est fou le nombre de dauphins qui se sont fait buter avant d'arriver au bout. » D'une lucidité rare.

Bolloré à Canal+, le journal du hard

25 janvier 2016

Nous sommes le lundi 6 juillet 2015 et, comme le chante Louane, une artiste Universal chère à l'intégration verticale de Vincent Bolloré, c'est le jour un, celui qu'on retient. Ou plutôt, si l'on résume le sentiment de ceux qui l'ont vécu, le jour hun. « C'était vraiment une séquence particulière », euphémise une ancienne cadre de Canal+ qui précise sa pensée : « Une séance de terreur et d'humiliation. » « Il a été odieux », résume un des témoins de l'épisode, viré depuis. « Il », bien sûr, c'est Vincent Bolloré et, ce 6 juillet, il montre à Canal+ qu'il y a un nouveau shérif en ville : lui.

Depuis six mois qu'il a vraiment mis les mains dans le cambouis de Canal+, Bolloré se contente de réunir des séminaires un peu foutraques en laissant Bertrand Meheut et Rodolphe Belmer mener la barque, mais le mardi 30 juin, ça démarre. Ce jour-là, puremedias s'interroge : « *Les Guignols*, premières victimes de Bolloré à Canal+ ? » Un considérable foin médiatique se déclenche : tweets, indignations, pétitions… Le lendemain, Belmer est dans le bureau de Bolloré. Il en sort rasséréné, persuadé d'avoir su le convaincre de ne pas mettre ses grosses papattes dans les programmes. C'est alors une première, mais le coup de l'entretien-avec-Bolloré-qui-s'est-super-bien-passé avant de se faire virer avec pertes (enfin, moyennant un gros chèque quand même) et fracas va vite devenir un running gag à Canal+.

Dîner à la Maison du Danemark

Le jeudi 2 juillet, Rodolphe Belmer anime un séminaire consacré à la distribution et au marketing face aux cadres de Canal+ (le temps que ces gens-là passent en séminaires…) dans un sémillant hôtel du XVIe arrondissement de Paris, une journée qui doit se conclure par un dîner à la Maison du Danemark avec vue sur les Champs-Élysées. *Le Monde* arrive en milieu de journée avec ce titre en ventre de une : « Menace sur "*Les Guignols*", l'émission-phare de Canal+. » Pas bon, ça. « Impassible, Rodolphe continue de discuter des tarifs », se souvient un participant. Un autre finit par le prendre à part : « Pas de blague, hein ? » « Non non, j'essaie de me bagarrer », répond-il. Pas bon du tout, ça.

Le soir, on apprend que se tiendra le lendemain un conseil de surveillance de Canal+, mais que Belmer n'y est pas invité. Pas bon du tout du tout du tout : le vendredi 3 juillet, il est démis de son mandat social et, dans la foulée, Sophie Guieysse, la DRH du groupe Canal+, le vire. « Faute grave. » C'est Vincent Bolloré en personne qui en a donné l'ordre, lâchant simplement et sans plus d'explication devant son entourage : « C'est un sale gars. » Le vendredi 3 juillet, un communiqué de Canal+ annonce son remplacement par Maxime Saada jusqu'alors numéro 3. Rodolphe Belmer sera « débadgé » le lundi, plus d'accès aux locaux, plus de chauffeur, ses mails seront coupés quelques jours plus tard.

Vincent Bolloré s'est déjà mis à travailler à sa propre version du *Grand Journal*. L'actuel producteur, Renaud Le Van Kim, et le présentateur, Antoine de Caunes, ne sont pas encore débarqués que Bolloré passe quelques coups de fil pour leur trouver des successeurs. Il a reçu ainsi dans son bureau de Vivendi, à peine quelques heures après avoir viré Belmer, le producteur Pierre-Antoine Capton (qui conçoit notamment la quotidienne *C à vous* sur France 5) pour lui proposer la case. Capton a décliné. Également convoqué, Laurent Bon, le producteur du *Petit Journal*, y va aussi de son « merci mais sans façon ».

L'annonce brutale du départ de Belmer tétanise les troupes, la terreur joue à plein. Certains sont catastrophés, d'autres nuancent. Selon un désormais ancien cadre, « personne n'a compris pourquoi, malgré l'échec, Rodolphe avait reconduit Antoine de Caunes et KM », la boîte de Renaud Le Van Kim qui produisait *Le Grand Journal*. On peine à comprendre, en interne, la toute-puissance de Renaud Le Van Kim à Canal+, où il fait près de 40 millions d'euros de son chiffre d'affaires (outre *Le Grand Journal*, il produit les Césars, le festival de Cannes, des docus…). Et Bolloré, qui n'a pas dû goûter de voir Le Van Kim défendre haut et fort *Les Guignols de l'info*, appuie là où ça fait mal. Le coût de l'émission ainsi que les salaires des auteurs des *Guignols* sont d'ailleurs obligeamment distillés dans la presse, histoire d'alourdir le casier de Belmer. Chez Bolloré on tentera aussi de faire courir quelques rumeurs de rétro-commissions encaissées par Belmer en provenance de la production du *Grand Journal*, rumeurs vite balayées.

Funérailles d'Alain De Greef

Comme un symbole et par-dessus le marché, l'éviction de Belmer tombe pile le jour des funérailles d'Alain De Greef. L'historique directeur des programmes de Canal+ et inventeur des *Guignols de l'info* est mort la veille de la fuite annonçant la fin de l'émission ; il est incinéré le jour où Bolloré annonce que ahah pas du tout, vous n'avez rien compris les amis, « *Les Guignols* font partie du patrimoine de Canal+ » ; juste on va changer l'horaire, les auteurs, les sketches, les marionnettes…

Alors, ce lundi 6 juillet, Bolloré entame son règne à Canal+ : je décide et j'exécute. Un « comité de management » rassemble une grosse centaine de cadres au siège d'Issy-les-Moulineaux, au cinquième étage, dans la confortable salle de projection où la chaîne diffuse ses programmes en avant-première. La scène a déjà été racontée. L'estourbissement de Bertrand Meheut assis au premier rang par un Vincent Bolloré sur scène. Version *Le Monde* : « Cela fait un an que tu me demandes la tête de Rodolphe. Maintenant que je la coupe, assume. » Version *Obs* : « Quand j'ai pris la présidence, Bertrand voulait faire partir Rodolphe. Et comme la vieille dame dans *Titi et Grosminet*, avec mon balai, j'ai dit : Non, on ne touche à rien. »

Aux *Jours*, un témoin raconte : « Il a aussi dit de Meheut qu'il était un homme formidable mais qu'il allait devoir partir. Ça a été une véritable humiliation pour Meheut qui reste assis alors que Bolloré demande à l'équipe de Vivendi de monter sur scène pour se présenter. » Mais, explique un autre, Bolloré ne s'en est pas tenu au seul président de Canal+ : « Il a taclé tout le monde : Vous êtes tous arrogants, vous êtes insupportables, vous vous prenez pour des prix Nobel ; nous, on n'est pas des prix Nobel mais on sait faire du business. » Bref, selon un troisième : « Il était là pour écraser l'ancienne équipe. Il était entre terreur, manip' et intimidation. » Un autre témoin abonde : « C'était une séance de terreur et d'humiliation. »

Malgré la méthode pas tout à fait conseillée dans le manuel du parfait petit DRH – ou alors en petits caractères –, on trouve tout de même parmi ceux qui ont assisté à la séance plusieurs voix dissonantes. « Ça a fait du bien de voir un mec qui dit vraiment les trucs ; le management qui se gave, leur mépris pour tout le monde », avance l'une d'elles. « C'est clair que la boîte s'essoufflait et que des décisions stratégiques devaient être prises », reconnaît sans ambages une autre.

Et puis, groggy, knock-out même pour certains, la centaine de cols blancs s'en est allée. Quelques-uns ont rejoint la soirée organisée par les « proches d'Alain [De Greef] pour trinquer à sa mémoire », selon le texto d'invitation. Les vacances approchaient, le plus dur était passé. Erreur : ça ne faisait que commencer.

Jour de « Deug » national pour Canal+

7 février 2016

Peut-être se serait-il installé à l'écart de l'agitation du jardin, sous les voûtes, là où Antoine de Caunes a fait une courte et fantomatique apparition. Ou alors aurait-il choisi de s'asseoir avec les trois quarts des Nuls qui ont fait le déplacement pour lui, l'un tout en longs cheveux blancs, l'autre en fauteuil, la troisième rutilante. Ou bien aurait-il pouffé dans un coin avec Jean-Pierre Dionnet, Mademoiselle Agnès, Jérôme Bonaldi, Francis Kuntz ou Omar Sy.

Mais il est mort, Alain De Greef. Et cet aréopage, fantôme des Canal passés, est venu, ce lundi 6 juillet, rendre hommage au tout frais défunt dans l'ancien couvent des Récollets reconverti en bar et privatisé pour l'occasion, près de la gare de l'Est, à Paris. Au Deug's wake[1], selon l'expression d'un participant, en hommage certainement au phrasé d'Alain De Greef largement aussi incompréhensible

1. Une allusion au surnom d'Alain De Greef, « Deug », et à *Finnegans Wake*, de James Joyce, réputé pour être illisible. Et *wake*, c'est la veillée funèbre.

que le roman de James Joyce, on n'entre qu'en soufflant à l'oreille des vigiles son fameux « Ça vaaa… », celui qui indiquait que, depuis des années déjà, ça allait moyen.

Des miss météo des années 80

Aux côtés de De Caunes et des Nuls, il y a là du beau linge, parfois un peu fatigué : des miss météo des années 80, Éric et Ramzy, des héros de sketches dégotés par De Greef devenus, comme Omar Sy, des stars hollywoodiennes, et des stars de *Nulle Part Ailleurs* devenues on ne sait trop quoi. Le réalisateur Jean-Louis Cap saute de groupe en groupe, shootant en permanence, iPhone à la main. Un P-DG de Canal+ est là aussi, Pierre Lescure, dont l'arrivée – poussant le fauteuil de Dominique Farrugia atteint de sclérose en plaques – a donné un tour royal à la soirée, chacun venant lui faire la cour : « Ah ! au fait, Pierre, je voulais te remercier de m'avoir RT l'autre soir sur Twitter. »

Mais c'est l'actuel patron qui est partout, dans chaque conversation, en arrière-goût permanent des *mojitos* (payants, les *mojitos*, c'est pas Canal qui régale), comme un bruit de fond, lancinant, les roues d'un train sur les rails chuchotant façon Mankiewicz : « … BolloréBolloréBolloré… » Ce 6 juillet, les scalps à la ceinture de Vincent Bolloré ont déjà de la gueule : il y a accroché ceux des *Guignols*, bientôt celui d'Antoine de Caunes, surtout, celui, trois jours plus tôt, de Rodolphe Belmer, le directeur de Canal+. Et ce n'était qu'un début.

Alors, sous les arbres qui désespèrent d'apporter un peu

de fraîcheur à une de ces chaudes journées d'un juillet qui en comptera tant, le vieux Canal se désole. De Bolloré zigouillant à De Greef zigouillé, le pas est vite franchi. « C'est la mort de Canal », prophétise-t-on de table en table lors de cette soirée déjà passablement funèbre où on enterre à coups de *mojitos* celui qui a inventé l'« esprit Canal », tarte à la crème dont on ne sait pas trop ce que c'est sinon que c'était lui. Et on attend la suite : au siège de la chaîne cryptée, un « comité de management » s'éternise. Lorsque quelques-uns des cadres qui y ont assisté débarquent enfin à la soirée d'Alain De Greef, ils sont aussitôt happés par une nuée : « Alors ? Alors ? »

« Dis donc, t'es bronzé comme un caca ! » Y a pas à dire, c'est toujours aux enterrements qu'on se marre le plus. Sûr que De Greef aurait apprécié la saillie – servie à Farrugia –, lui qui, guignolisé, devait expliquer à un Conseil supérieur de l'audiovisuel (CSA) horrifié pourquoi un journaliste faisait subir les derniers outrages à un mouton. « ...'cule un mouton... », maugréait le Deug de latex. Il n'aurait pas détesté non plus, lui qui disait aimer « confronter les gens à leurs contradictions », faire remarquer à ceux du Canal d'aujourd'hui que, en 2002, les troupes s'étaient autrement mobilisées – prise d'antenne et manif devant chez Vivendi – contre l'éviction de leur patron Pierre Lescure dégommé par le Bolloré d'alors, un dénommé Jean-Marie Messier.

Tiens, Rachid Taha, tiens, Bruno Gaccio, tiens, Albert Dupontel, tiens, Gaspar Noé, tiens, Sylvie Ruggieri ex-dircom de Canal+ aujourd'hui à Image 7, la boutique de langues de bois d'Anne Méaux. Il y a du beau monde. Du Canal d'hier, mais aussi du Canal d'aujourd'hui, mais chuuuut, les identifier dans ce qui s'apparente à une réunion de conjurés reviendrait à les condamner.

La nuit avance et, dans ce fantôme des fêtes de Canal passées, zigzague entre les tables une étrange troupe où se côtoient des botoxés de frais, d'émouvantes assistantes de De Greef, d'immarcescibles pique-assiettes, de faux et de vrais amis. D'un coup, on croirait entendre sa voix, que Jean-François Bizot – autre mort, autre ami – décrivait comme une « musique pygmée, un tronc de baobab dont il sort un cri ». En fait, on l'entend vraiment, la voix de De Greef, puisque, entre le bout du zinc et les toilettes, un écran solitaire diffuse et rediffuse le héros du soir : à *Télé Dimanche*, à Cannes, et enfin aux *Guignols*, encore et encore « …'cule un mouton… »

La purge à 29 millions

18 février 2016

Allez, allez, tout doit disparaître. Pour un Rodolphe Belmer viré, nous vous offrons également non seulement la tête d'Ara Aprikian, mais aussi celle de Bertrand Meheut et celle de Thierry Thuillier. Allez, il nous en reste un peu, on vous les met quand même ? Hop : la directrice du cinéma, ouste la patronne d'i-Télé, dehors celle de CanalSat, tchao le chef de StudioCanal, celui de la régie pub, la secrétaire générale, la DRH, si, si, on insiste, ça nous fait plaisir. Et on vous fait le tout à, allez, 29 millions d'euros. Oui, 29 millions d'euros. Selon nos informations, c'est ce qu'il en a coûté, en 2015, à Vincent Bolloré, ou plutôt à Canal+, pour faire le ménage en grande partie parmi l'état-major du groupe. Ça fait un peu cher la charrette, mais que voulez-vous : quand on n'aime pas, on ne compte pas.

29 millions d'euros, donc. Minimum. Selon les résultats financiers présentés fin 2015 lors d'un « comité de management » de Canal+ que se sont procurés *Les Jours*, la « réorganisation » (qu'en termes délicats ces choses-là sont dites…) aura coûté 29 millions d'euros à fin novembre. Soit 4 millions de plus qu'annoncé au trimestre précédent,

alors que rien n'avait été prévu dans le budget 2015. Pas sûr que Vincent Bolloré se vante de ce chiffre lors de la présentation des comptes annuels de Vivendi qui a lieu ce jeudi 18 février en fin d'après-midi. Les mauvais résultats attendus[1], au niveau tant des abonnements que des pertes du groupe, devraient être dissimulés derrière l'annonce d'un accord de distribution exclusive de BeIN Sports, la rivale qui lui tond les droits sportifs sur le dos depuis quelques années.

Un deal qui camouflera aussi ces fameux 29 millions d'euros claqués vite fait. Si Rodolphe Belmer et Ara Aprikian, respectivement numéro 2 de Canal+ et patron du pôle gratuit (D8, D17, i-Télé), ont été débarqués en juillet dernier, une bonne partie de la charrette a eu lieu en une seule journée, le 3 septembre, le jour où le proprio de Vivendi (du moins son premier actionnaire avec environ 15 % du capital) est également devenu roi de Canal+ (en vrai, on dit président du conseil de surveillance).

Ce jeudi 3 septembre est un écho au lundi 6 juillet où s'était tenu, déjà, un « comité de management » au cours duquel Bolloré avait infligé une dégelée collective aux cadres. Deux mois plus tard, il passe à l'acte, encore dans un nouveau « comité de management » qui se tient, comme toujours, dans le confortable auditorium de Canal+ à Issy-les-Moulineaux. « Avant l'été, je vous avais dit qu'on allait revoir la structure et l'organisation dès le retour de l'été,

1. Effectivement, ça craint : le groupe Canal+ a perdu en France 405 000 abonnés l'année dernière (sur un total de 8,4 millions) et affiche un trou de 264 millions d'euros.

annonce Vincent Bolloré. J'espère que vous avez quand même pu passer un bon été, que vous n'avez pas eu trop peur des purges possibles. » Et bim, c'est parti.

Bertrand Meheut, président du groupe, est écarté. Nathalie Coste-Cerdan, directrice du cinéma, Céline Pigalle et Cécilia Ragueneau, patronnes d'i-Télé, Thierry Thuillier, en charge des sports, ou encore Stéphane Tual, directeur des moyens généraux, découvrent en direct non seulement qu'ils sont virés, mais en plus que leurs remplaçants sont déjà là, dans la salle. En fait, la majeure partie des évincés a appris la veille au soir d'une bouche amie que la réunion serait l'occasion d'un jeu de massacre. Comique, certains des remplaçants intronisés par Bolloré n'ont pas exactement compris leurs nouvelles fonctions. Ainsi Guillaume Zeller, bombardé de la rédaction en chef de *DirectMatin.fr* à celle d'i-Télé, pense travailler avec Céline Pigalle. Eh ben non : elle est virée, faut se renseigner, vieux.

Bolloré scalpe totalement Canal+

Secrétariat général (Delphine d'Amarzit), DRH (Sylvie Guyesse), régie publicitaire (Roger Coste), StudioCanal (Olivier Courson), direction du cinéma (Nathalie Coste-Cerdan), CanalSat (Alice Holzman), i-Télé (outre Céline Pigalle, la DG Cécilia Ragueneau et la secrétaire générale Laure Bezault), sports (Thierry Thuillier), moyens généraux (Stéphane Tual)… Bolloré scalpe totalement Canal+, à de très rares exceptions près. Pour bien marquer son territoire et l'emprise de Vivendi sur sa filiale, il dépêche sur place des cadres de l'avenue de Friedland qui héberge le siège de l'ancienne Générale des eaux. Ils avaient un boulot chez Vivendi ? Ils auront le même chez Canal+, mais sans lâcher le premier. Frédéric Crépin, secrétaire général de Vivendi, occupera en sus le même poste à Canal+, *idem* pour le DRH Mathieu Peyceré (revenu depuis à la case départ), le directeur de l'audit Vincent Vallejo ou encore la directrice des moyens généraux Stéphanie Ferrier.

Et en *gwetur*, Simone. Pardon, c'est qu'à force de travailler sur le Breizhou Bollo, ça déteint. En voiture, Simone, donc, pour la nouvelle équipe. Sauf que non. La charrette du 3 septembre a fait beaucoup de bruit mais elle continue son bonhomme de chemin en silence. D'autres cadres ont en effet quitté le groupe depuis et les 29 millions d'euros vont faire des petits. Ainsi, selon nos informations, Olivier Le Gallo, directeur commercial de Canal+, Frédéric Vincent, directeur technique, et le directeur des achats, Ludovic Mahoudeaux, ont pris leurs cliques et leurs claques. Ou encore, relevait BFM Business en décembre 2015, François Couton, directeur « finances et performance ». Julien Verley, lui, est un cas à part : l'ancien dirigeant de Canal+ Pologne est le seul de l'ancienne équipe à avoir pris du galon, bombardé au directoire du groupe par Vincent Bolloré. Avant de finir lui aussi par quitter Canal+ en décembre dernier. Et nos petits doigts nous disent que d'autres départs sont en cours.

C'est bien simple : si vous prenez les cent cadres réunis ce fameux 3 septembre, c'est presque un tiers qui a été ratiboisé par Vincent Bolloré. Trente au total, et plus de quarante personnes en comptant les départs collatéraux : assistant(e)s, chauffeurs, auteurs des *Guignols*, etc. Mais attention, on ne licencie pas : on négocie. Un chèque et salut. « On ne vous dit pas de partir, explique l'un des partants, mais on organise tout pour que vous partiez et quand vous prenez la décision, tout est déjà prêt pour que vous partiez le plus vite possible. » Un ex-cadre analyse ainsi la gouvernance façon Bolloré : « On ne nous demandait pas de réfléchir mais d'obéir. On nous demandait d'être des moutons, pas des talents. » Et ça, cette caste de directeurs ne l'accepte pas : « La pire sanction, quand vous êtes un dirigeant, c'est de devenir un exécutant. »

Le chèque de départ est conséquent, évidemment, mais sans parachute doré. Même si, dans un comité d'entreprise de Canal+, Bolloré a déclaré que « les conditions salariales de leur départ ne le font pas pleurer ». La clause de non-dénigrement qu'il faut signer en échange, elle, est stricte : interdit de dauber sur Canal+, ses dirigeants, la stratégie, sinon adieu le chèque. « Il faut qu'on sorte avec le sourire », grince un viré. Souriez, vous êtes bolloréisés.

« La terreur fait bouger les gens »

21 février 2016

« Les Bolloré étaient de hardis marins bretons qui défendaient les embouchures des rivières contre les invasions des pirates anglais ou espagnols. » Non, Vincent Bolloré n'a pas décidé de mettre à l'antenne de Canal+ une série sur sa saga familiale – pas encore du moins. C'est lors d'un très sérieux comité d'entreprise (CE) du groupe Canal+ que ses glorieux ancêtres ont fait irruption dans la bouche du saigneur et maître de Vivendi et Canal+. *Les Jours* ont obtenu le procès-verbal de ce CE, hardis marins bretons que nous sommes, nous aussi.

Nous sommes au matin du 3 septembre 2015, pile poil deux mois après l'éviction brutale de Rodolphe Belmer et un mois après celle d'Ara Aprikian. Ce 3 septembre est une journée cruciale où Vincent Bolloré devient, en plus d'y faire la loi au quotidien, grand patron de Canal+. Une journée d'anthologie où les cadres vont apprendre qu'ils sont virés en direct-live, comme le disaient Les Nuls de ce vieux Canal, dont Bolloré veut faire table rase. La prise de pouvoir se passe en plusieurs étapes : le comité d'entreprise que nous vous racontons ici, un conseil de surveillance du groupe Canal+ en suivant et, pour clore la tragédie en trois actes, un de ces fameux « comités de management » qui rassemble une centaine des cols blancs de la maison.

Il est 8 heures 30, et l'ordre du jour[1] est ainsi libellé : « Information sur la gouvernance du groupe Canal+ ». La séance du comité d'entreprise est ouverte sous la présidence de Bertrand Meheut, qui l'est encore, président. Plus pour longtemps puisque Bolloré le remplacera lors du conseil de surveillance qui suivra.

Bolloré attaque par Meheut dont il indique qu'il « va passer la main », et l'invite à s'exprimer. Ce qu'il fait « avec une certaine émotion » et dit le genre de choses qu'on dit dans ces cas-là, parle de « grande sérénité », qu'il « est fier du chemin parcouru ». Il a eu le temps de digérer, Meheut, depuis qu'il s'est fait estourbir en direct, le 6 juillet par Bolloré. Le lendemain, comme il le précise un peu plus tard aux élus, Bolloré s'installera dans le bureau de Meheut, pardon « Bertrand » : c'est tellement plus doux quand le bourreau vous appelle par votre prénom. D'ailleurs, Bolloré est la bénévolence même ; la preuve, ajoute-t-il lors du même CE, une fois installé dans le bureau de Bertrand, il « compte y aller à la fois doucement en étant gentil avec tout le monde et en apportant des fleurs, et énergiquement parce qu'il faut [...] donner à Canal les moyens qu'il n'a

1. Le procès-verbal est un compte-rendu fidèle de la séance qui s'est tenue ce jour-là. Les dialogues ont été simplement retranscrits au style indirect par la sténotypiste. Exemple : la phrase de Bolloré « J'espère que vous avez passé un bon été » a été retranscrite en « V. Bolloré espère que les élus ont passé un bon été ».

pas eus et dont il a besoin pour éviter de se retrouver rayé de la carte face aux concurrents ».

Les Jours ont leurs obsessions ? Bolloré a les siennes, dont les prix Nobel. Le fameux 6 juillet, il avait traité les cadres de Canal+ présents d'« arrogants », d'« insupportables », assénant : « Nous, on n'est pas des prix Nobel mais on sait faire du business. » Le 3 septembre, il en remet une couche à propos de « l'équipe des six », sa garde rapprochée à Vivendi. « Aucun des membres de cette équipe très soudée n'est un prix Nobel, assène-t-il, mais la maison a fait un parcours sans faute. » Du coup, « c'est cette même équipe qui va venir chez Canal ». Cette équipe de non-prix Nobel, donc. On ne peut pas dire, il a l'art de vendre sa came, Bolloré.

Autre obsession bolloréenne : le compliment. Tel producteur s'est ainsi vu décerner le titre de « génie de la production » par Bolloré. Certains l'ont entendu, lors de visites à Canal+, qualifier un salarié de « génie de la photocopieuse ». Au comité d'entreprise, il remet ça, d'abord au sujet de Maxime Saada, qui succède à Rodolphe Belmer : « Ce garçon remarquable connaît la maison, il fait les choses, il n'est pas arrogant, il écoute. » « Il écoute », c'est certainement là sa qualité principale aux yeux de Bolloré. Surtout si c'est lui qu'il « écoute ». De même pour ceux que Bolloré installe ce jour-là à la place de l'état-major de Canal+ : il y a « l'excellent Frédéric Crépin » (secrétaire général), « l'excellent Mathieu Peyceré » (qui est même « le plus gentil des DRH »), « l'excellent Stéphane Roussel », « Guillaume Zeller, un Sciences-Po charmant » (nommé à la tête d'i-Télé)… Dominique Delport, patron de Havas (autre propriété Bolloré), n'est pas présent lors de ce CE, alors nous lui transmettons cette petite amabilité de Vincent Bolloré qui voit en lui un « grand génie des talents ». C'est beau comme une pub pour un marabout.

Mais il est comme ça, Vincent Bolloré, que voulez-vous : il parle. Du moins, il parle le Bolloré. Il évoque ainsi un mystérieux « chasseur de toiles d'araignées » croisé dans les locaux et promet que les départs ne déclencheront pas la « fête des chéquiers ». On notera au passage le goût de Bolloré pour la litote : pas de « fête des chéquiers », affirme-t-il, alors que les départs ont coûté la bagatelle de… 29 millions d'euros à Canal+.

Une fable de La Fontaine

La guéguerre entre Rodolphe Belmer, le numéro 2, et Bertrand Meheut, le numéro 1, Bolloré la résume en une fable de La Fontaine, *Le Chat, la Belette et le Petit Lapin*, oubliant de préciser que le chat qui, à la fin, boulotte belette et lapin, c'est lui. Sa vision pour la maison Canal+ ? « Elle avancera en tâtonnant, un peu comme un banc de poissons. » Les articles de presse égratignant la conquête de Canal+ à la schlague ? « La machine est en marche et ne s'arrêtera pas, elle est comme les Vikings : si le premier est tué, un autre arrive, puis des centaines d'autres ! » Des Vikings, on en passe tout naturellement aux fameux ancêtres Bolloré dont le sang chaud traverse les générations jusqu'à irriguer les veines de Vincent : « Les Bolloré, déclare-t-il lors du CE, étaient de hardis marins bretons qui défendaient les embouchures des rivières contre les invasions des pirates anglais ou espagnols. » Tremblez, Netflix, Apple et YouTube ! Vincent Bolloré fait chauffer l'huile bouillante.

Dans la bollolangue, Cyril Hanouna est aussi un « anabolisant » sur lequel repose le « succès » de D8, d'ailleurs, souligne-t-il, « il était au bord de partir car il avait envie d'une chaîne plus grande où il soit mieux considéré ». L'occasion pour Bolloré de relever que Canal+ n'est pas assez gentil, il est « frappé de voir qu'Arthur, Dany Boon, Gad Elmaleh ou Jamel Debbouze ne viennent plus chez Canal car ils sont considérés comme des Romanichels. Les aimer ou pas est un sujet, mais une chaîne repose sur des talents et il faut être "artist friendly" et les accueillir aimablement ». C'est noté. Tout comme est bien notée l'intervention, au cours de ce comité d'entreprise, d'Arnaud de Puyfontaine, installé par Vincent Bolloré dans le fauteuil de président de Vivendi : « Il est hors de question de se priver d'Arsenal[1]. »

C'est cocasse, certes, mais derrière le folklorique Vincent-la-castagne, il y a Bolloré. Interrogé par un élu de la CGT de Canal+ lors du CE au sujet de la censure[2] d'un reportage de *Spécial Investigation* mettant en cause le Crédit mutuel dirigé par son ami Michel Lucas, Bolloré précise. Il « distingue censure et bêtise[3] ». « Hier Canal+ Sport a diffusé une émission contre l'OM et M. Labrune [président

1. Ce qui fut fait deux mois plus tard, Patrick Drahi raflant, pour le compte de Numericable et SFR, la ligue de foot anglaise à Canal+.

2. En juillet 2015, *Society* et Mediapart révèlent que Vincent Bolloré a fait censurer une enquête de *Spécial Investigation* sur le Crédit mutuel. Le sujet sera finalement diffusé sur France 3 à la rentrée 2015 et largement repris dans… le *Zapping* de Canal+.

3. Selon une des personnes assistant au CE, Bolloré aurait en fait dit « connerie » plutôt que « bêtise » mais le compte-rendu a été lissé.

de l'Olympique de Marseille, *ndlr*] a téléphoné. S'il y a dans la maison des gens qui n'arrêtent pas de taper sur ses clients ou partenaires, elle n'en aura bientôt plus du tout. Ce n'est pas un problème de censure. La censure serait de dire tout d'un coup que M. Sarkozy est génial et que M. Hollande est bête. » Ah, d'accord. Plus tard, il explicite un peu plus son intéressante conception de la censure : « Censurer, c'est empêcher quelqu'un de dire des choses vraies, mais attaquer la BNP, LCL, ou le propriétaire de l'immeuble serait une bêtise. »

Qu'on se rassure, Bolloré adore les journalistes, rapporte la sténotypiste des propos du grand homme dans le procès-verbal du CE : « Il en a d'ailleurs une centaine chez *Direct Matin*, mais ils ne vont pas commencer à faire n'importe quoi, ils ne sont ni la police, ni la justice. Ils font ce qu'ils veulent, mais à l'intérieur d'une ligne éditoriale, ce qui est normal. » Genre si la ligne éditoriale interdit de dire du mal de l'OM, les journalistes sont libres de la respecter. George Orwell, si tu nous lis…

La terreur qu'il a installée à Canal+, Vincent Bolloré l'assume totalement. « Les équipes ont été chamboulées par la façon un peu violente dont se sont déroulés ceux [les départs, *ndlr*] de Rodolphe [Belmer, *ndlr*] et d'Ara [Aprikian, *ndlr*], et du coup elles sont assez craintives », fait remarquer une syndicaliste. « Tant mieux », se félicite Bolloré. D'ailleurs, « la haute direction d'une grande maison mérite un peu de terreur, un peu de crainte ». « La terreur fait bouger les gens », dira-t-il plus tard (« en souriant », précise le compte-rendu). Ajoutant : « Avoir de temps en temps un petit électrochoc permettant aux collaborateurs de voir qu'il y a un problème est une bonne chose pour le bien de tous. » Terreur, électrochoc… Vincent Bolloré vient précisément d'en faire la démonstration au cours de ce comité d'entreprise : la DRH de Canal+ Sophie Guieysse a appris en direct et de sa bouche qu'elle était virée, remplacée sur-le-champ par Mathieu Peyceré. Oups, pardon, « l'excellent » Mathieu Peyceré. Bolloré a prévenu : « Pendant cette période, il y aura une secousse à la tête et une stabilité sur le corps. » Ce qui est, il faut le reconnaître, une assez bonne définition de la guillotine.

La voix de son maître

7 mars 2016

Sur l'enregistrement, on entend des soupirs, des toux nerveuses, incessantes, des « putain, putain, putain » paniqués et chuchotés, de rares rires tendus, comme des hoquets. Une seule voix sonne fort et clair. Bien sûr, c'est celle de Vincent Bolloré. *Les Jours* se sont procurés l'enregistrement[1] du « comité de management » au cours duquel Bolloré déclame sa stratégie pour Canal+. Il y aura du breton, il y aura du Bono, il y aura du Tsipras la cigale et du Merkel la fourmi.

Troisième fois qu'il met le couvert en ce 3 septembre, journée fondatrice dans la saga Bolloré qui le voit mettre la main sur Canal+. D'abord, il y a eu le comité d'entreprise, où il a annoncé son plan de bataille et détaillé le pedigree des nouveaux venus dans l'état-major de Canal+. Puis il y a eu le conseil de surveillance, qui lui a officiellement donné les pleins pouvoirs, une formalité. Enfin, voilà le « comité de management » : une centaine des plus hauts

1. Enregistrement à retrouver sur Les Jours, à cette adresse : http://lesjours.fr/obsessions/l-empire/sons-bollore-comite/

cadres du groupe dont une bonne partie – près d'un tiers en tout – va apprendre qu'elle est virée séance tenante. Parmi les cadres, pour conserver une trace dans un climat de méfiance, quelqu'un enregistre ce moment clé : la prise de pouvoir de Vincent Bolloré.

Même pas le nom des partants

Son arrivée dans le confortable auditorium de Canal+ à Issy-les-Moulineaux (Hauts-de-Seine), là où la chaîne organise conférences de presse et projections de programmes, jette un froid. « Ouh là là ! Vous avez l'air sérieux, lance le nouveau patron. Ne vous inquiétez pas, je vais être tout doux ! » Chattemite, le Bolloré, à son habitude. À croire que l'expression a été inventée pour lui. Ainsi, il enchaîne : « Avant l'été, je vous avais dit qu'on allait revoir la structure et l'organisation dès le retour de l'été. J'espère que vous avez quand même pu passer un bon été, que vous n'avez pas eu trop peur des purges possibles. » Je caresse et je griffe : car la purge, c'est maintenant qu'elle va avoir lieu. Il y en a qui ont dû débronzer d'un coup d'un seul.

Une fois passé les vingt secondes d'applaudissements des dirigeants de Canal+ à Bertrand Meheut éjecté ce jour-là (et c'est long, vingt secondes), Vincent Bolloré déroule. D'abord sa prise de contrôle sur Canal+. Il y a eu, dit-il, « toute une campagne de presse alimentée au départ par un journal qui s'appelle *Society* dans lequel on me dit que monsieur Le Van Kim[1] a des intérêts importants et qui racontait tout un tas de trucs qui ont pu être repris pendant l'été ». Mais que Renaud Le Van Kim ne la ramène pas trop, balance Bolloré : « Nous sommes, chez Vivendi, ceux qu'on appelle les *paotred dispount*, les gars qui n'ont pas peur, en Bretagne. Après nous d'ailleurs, il y en a d'autres, qui sont encore pires. » Les *paotred dispount*, rien que ça. Bien sûr, c'est du breton.

Enfin, nous voilà dans le dur : les nominations, le remplacement de toute la couche de directeurs de Canal+ par une couche de directeurs venus de chez Vivendi qui cumuleront donc les mêmes postes dans les deux boîtes. « Ça veut dire que les équipes fonctionnelles de Canal vont être sous l'autorité des équipes également fonctionnelles de Vivendi », énonce Bolloré avec cet objectif affiché : « Les groupes Vivendi et Canal ne feront plus qu'un. » Le moment est d'une violence inouïe : Bolloré ne prononce même pas le nom des partants. Ils apprennent là, en direct, qu'il sont remplacés puisque leurs successeurs, eux, sont nommés. Mais dans la bouche de Bolloré, ils n'existent déjà plus.

On passera rapidement sur la méthode Bolloré pour résoudre les problèmes de l'entreprise façon *Le Management pour les nuls* : « Quelqu'un qui est trop gros, tant qu'il ne dit pas qu'il est trop gros, il ne commencera pas

1. L'ex-producteur du *Grand Journal*, était alors effectivement actionnaire de l'hebdomadaire *Society* qui a révélé en juillet 2015 la censure d'un reportage de Canal+ sur le Crédit mutuel, banquier ami de Bolloré. Renaud Le Van Kim a été débarqué du *Grand Journal* en juillet 2015 par Bolloré.

de régime. » On redoute, pour Canal+, de prochains séminaires de motivation à base de verbalisation – si possible en breton – et de sauts à l'élastique. Sans élastique.

Pour ce qui est de la stratégie, Bolloré a son idée : « Il y a deux méthodes. La première, c'est réduire, réduire, réduire, et il y a un moment où on se retrouve avec plus rien. Et il y a la méthode inverse : on investit à bon escient et là, on entre dans un cercle vertueux. C'est évidemment ce qu'on a décidé de faire. » Deux mois plus tard, en novembre, réunissant en son fief de l'Olympia les salariés de Canal+, Bolloré annoncera un investissement de 2 milliards d'euros. Aujourd'hui, il n'en a toujours pas sorti la queue d'un…

Passons sur ces questions bassement matérielles. Parce que le plus important, naturellement, c'est la stratégie, et celle de Bolloré tient en deux lumineux concepts : se vendre à l'extérieur et se vendre à l'intérieur. D'abord, son idée, à Bolloré, pour redonner du lustre à Canal+, « c'est de penser que la culture française, la culture européenne est une source de contenus extrêmement importante et qui peut rivaliser avec les contenus américains ou asiatiques ». Mais bien sûr. Que n'y avait-on pensé plus tôt.

C'est d'ailleurs le tour que Vincent Bolloré a voulu donner aux *Guignols* en faisant créer des marionnettes moins françaises et plus internationales, à l'instar de celle de Kim Kardashian. Car nous y voilà, au moment tant attendu des *Guignols*, ceux par qui tout est arrivé, qui ont déclenché la grande razzia. L'occasion pour Bolloré d'une sortie de bon goût : « Je pense que *Les Guignols*, au-delà de la partie rigolote de l'été où je tue *Les Guignols* comme on a tué les pauvres journalistes de *Charlie*, je pense que *Les Guignols* méritent au contraire un autre avenir. » Lequel ? « D'être internationalisés. » Et Bolloré de glisser au passage sa proposition de sketch avec « monsieur Tsipras la cigale, madame Merkel la fourmi » (un trait de génie comique qui, on vous prie de nous croire, ne déclenche pourtant pas un seul rire dans l'assistance).

Bref, faire se bidonner le monde entier, pour Bolloré, c'est fastoche : « C'est pas très compliqué parce que, finalement, les caractères, qu'on soit en France, en Amérique ou en Asie, sont à peu près les mêmes. Il y a évidemment quelques différences locales mais, globalement, les fameux caractères sont tous les mêmes, les hommes sont tous des hommes, les femmes sont toutes des femmes. » La Fontaine, La Bruyère et zou, Hollywood.

Se vendre à l'extérieur, ça, c'est fait. Pour se vendre à l'intérieur, la recette de Bolloré, c'est ce qu'il appelle « les talents ». À savoir tous ceux qui, une fois découverts par Canal+, de Jamel Debbouze à Omar Sy, sont allés grandir ailleurs. Comment les en empêcher ? Simple, explique Bolloré, regarder ce que fait Universal (qu'il prononce *Youniveursaule* à la cow-boy) : « Vos camarades de la musique, c'est exactement l'inverse. Ils trouvent Bono, ils le ficellent dans des accords, il peut plus sortir. Ils trouvent n'importe quel nouveau talent, avant même qu'il ait commencé à toucher de l'argent, il est déjà prisonnier dans les contrats. » Transmettons à Bono, qui appréciera de se voir ainsi « ficelé » à Vincent Bolloré.

À travers les « talents », c'est l'intégration verticale que promeut Vincent Bolloré. Il faut que l'abonné bouffe du Vivendi World toute la journée. Qu'un chanteur de chez

Universal soit invité sur Canal+, que StudioCanal produise des films avec des vedettes de chez Universal ou de chez Canal+, que Cyril Hanouna, star de D8, aille sur Canal+ et sur Dailymotion aussi (« Un garçon comme Hanouna, on peut peut-être faire des pastilles et les mettre sur Dailymotion »), que… que… que (et nous voilà soudain saisis d'un prurit géant, à imaginer la version cinéma de *Touche pas à mon poste*).

« Here we are now, entertain us »

Et Bolloré de décrire cette intégration verticale qui ressemble à une gigantesque orgie de contenus. « Il faut arrêter que les gens de Canal considèrent qu'Hanouna est un nul, qu'Hanouna dise que Canal+, c'est de la daube[1]. Vous ne pouvez pas, à l'intérieur d'un groupe, continuer comme ça. Il faut que les patrons de ce groupe, qui sont assis pour l'essentiel au premier et au deuxième rang, travaillent ensemble avec des chaînes cryptées, des chaînes gratuites, une grande plate-forme puisque c'est le numéro 2 mondial, Dailymotion, une compagnie de cinéma. Je l'ai dit à Olivier Courson dix fois [patron de StudioCanal et viré ce jour-là, *ndlr*], ça ne sert à rien de faire des films qui

1. Vendredi 4 mars, dans l'hebdomadaire *Society*, Cyril Hanouna déclarait : « Il y a une telle unité dans le groupe cette année que je ne taperai pas sur les émissions de Canal. C'est la famille. » Le message de Bolloré (que Hanouna définit carrément comme « (s)on grand frère ») est bien passé, on dirait.

n'ont rien à voir avec le groupe Vivendi, avec le groupe Canal, ça sert à rien. Regardez la richesse que nous avons dans la musique. Utilisons cette richesse. »

Et là, rude séance de torture pour les cadres de Canal+. Vincent Bolloré leur balance façon *Orange mécanique* huit minutes (huit minutes, vous avez bien lu) d'un clip exposant la « richesse » du catalogue musical d'Universal : « Allez, je vous montre ce petit film pour vous montrer ce que vous avez entre les mains et que vous n'exploitez jamais. » Aznavour, Black Eyed Peas, U2, Abba, Stevie Wonder, Lionel Richie, Jackson Five, Queen, James Brown, Elton John, Bee Gees, Bob Marley, Amy Winehouse, Taylor Swift, Stromae, Nirvana et son *Smell Like Teen Spirit* dont le refrain, « *Here we are now, entertain us*[1] », claque comme un ordre bolloréen.

« Vous êtes propriétaires de ça, assène Bolloré au sortir des huit minutes (plus quatre secondes d'applaudissements maigrelets). C'est 40 % de la musique dans le monde. Qu'est-ce qu'on fait dans le groupe ? Pour l'instant, pas grand-chose. » Ah, si : un film sur Bob Marley est en préparation (où les pétards ne seront pas roulés avec du papier OCB, que Bolloré a vendu en 2000, et on le déplore, on loupe une belle occasion d'intégration verticale).

La séance aura duré une heure. Elle se conclut par les aïeux Bolloré, des hardis marins bretons déjà servis lors du comité d'entreprise un peu plus tôt dans la journée, et une proclamation qui sonne comme une menace : « Nous

1. Maintenant on est dans la place, divertissez-nous (traduction approximative du grunge).

sommes des activistes. » Les cadres qui, au nom de leur remplaçant, ont compris qu'ils allaient devoir partir, ont droit à un petit mot gentil : « Je suis désolé pour ceux qui ne font pas partie de mon équipe, voilà, je n'ai rien contre vous, je ne vous connais pas. » À peine des petits cailloux, de la poussière plutôt sur le chemin que trace Vincent Bolloré : « Ça fait 45 ans que je travaille, je vous l'ai dit la dernière fois, je suis parti d'un groupe qui valait 1 euro – 1 franc d'ailleurs, enfin 2 pour être tout à fait exact –, j'ai fait deux chèques de 1 franc à l'époque, il capitalise maintenant 15 milliards : le groupe Bolloré, et il contrôle 25 % des droits de vote de Vivendi. » *Here we are now, entertain us*.

Touche pas à mon pote Hanouna

23 mars 2016

Bon, dites-le parce que nous, on n'y arrive pas. Mais si, voyons, vous savez, c'est ce que Cyril Hanouna a fait dans la chaussure d'un des chroniqueurs de *Touche pas à mon poste*, l'émission de D8 d'où il trône sur toute la chaîne. Il a fait… ? Il a fait… ? L'exploit a été raconté en direct à l'antenne par sa victime, Bertrand Chameroy, en novembre 2014. Puis dans le numéro du 4 mars dernier du quinzomadaire *Society*. Suite à quoi Cyril Hanouna en a remis une couche, si on ose dire, sur l'antenne de D8 dans un calamiteux numéro d'autojustification. Allez, vous pouvez trouver, il y a un footballeur[1] brésilien qui s'appelle pareil. C'est bon, vous l'avez ? Merci, ça nous évitera d'avoir à l'écrire. Bref, tout ça pour dire quoi ? Ah ! oui. Que le chroniqueur ainsi distingué par son patron

1. Star du Milan AC au début des années 2000, Kaká (prononcez comme vous voulez) coule une retraite paisible en Floride en tant que milieu offensif de l'Orlando City Soccer Club. Au rayon des noms de footballeurs ridicules, on compte aussi un certain Jankulovski, mais on s'égare.

d'animateur devrait être flatté d'une telle attention : un rapide calcul – dont nous vous épargnons les détails par trop triviaux mais à peu près scientifiques – établit en effet la déjection de Cyril Hanouna à 45 000 euros. Eh oui. Merci patron. Et merci super patron, alias Vincent Bolloré à qui Cyril Hanouna doit sa cote actuelle : 50 millions d'euros par an. Un 50 et six 0 derrière.

Le montant a été dévoilé par Vincent Bolloré lui-même, lors de son audition fin septembre par le Conseil supérieur de l'audiovisuel (CSA). Il a signé Cyril Hanouna pour 250 millions d'euros sur cinq ans. Pour la quotidienne *Touche pas à mon poste* qui truste l'antenne de D8, mais aussi pour des productions H2O, la société de Cyril Hanouna, qui conçoit plusieurs émissions[1] pour la chaîne gratuite du groupe Canal+. *Derrière le poste* – présenté par Enora Malagré, la dame blonde qui parle un petit peu fort dans *Touche pas à mon poste* –, *Touche pas à mon sport !* – notons l'habile déclinaison du concept original –, *Le Grand Match* – qui voit s'affronter des Chantal Goya et des Bernard Montiel

1. Selon le classement annuel du magazine professionnel *Écran total*, la société de Cyril Hanouna, H2O, a produit 870 heures de programmes pendant la saison 2014-2015. Ce qui permet à sa maison mère Banijay, détenue par Stéphane Courbit, de prendre la tête des « producteurs de flux » – c'est-à-dire les programmes hors fictions, documentaires, information et animation – avec au total 1 614 heures. Lagardère, avec notamment *C dans l'air* sur France 5, arrive deuxième avec 1 056 heures, suivi de Newen (704 heures avec, par exemple, *Les Maternelles* sur France 5). Banijay va asseoir un peu plus encore sa domination grâce à sa fusion avec Zodiak, cinquième de ce classement. Une fusion qui voit au passage Vivendi prendre 26,2 % du nouvel ensemble formé par Banijay et Zodiak.

dans des joutes intellectuelles thématiques (les années 80, la téléréalité, etc.) – ainsi que d'autres productions à la périodicité plus aléatoire (*L'Œuf ou la poule, The Cover...*) et d'autres encore en projet.

La Grosse Émission sur Comédie+, *La Très Grosse Émission* sur Canal+

Le nouveau contrat signé entre Hanouna et Bolloré va un peu plus loin encore. Désormais, l'énergie créatrice de Cyril Hanouna ne se cantonnera plus à D8 – ce serait dommage que tout le monde n'en profite pas – mais va s'étendre aux autres chaînes du groupe. C'est encore et toujours l'intégration verticale chère à Vincent Bolloré, qui veut faire travailler ensemble toutes les composantes de son Vivendi World. Ainsi Hanouna produit-il désormais sur la chaîne Comédie+ *La Grosse Émission*. Le show quotidien devait être fabriqué en interne et l'aura été pendant la première partie de l'année mais, depuis janvier, c'est H2O qui le conçoit. Ainsi Hanouna va-t-il aussi produire des émissions pour Canal+, des *prime times* en crypté, à raison de 10 millions d'euros par an – un tarif élevé mais à peu près dans les clous. Une *Très Grosse Émission* serait sur les rails, conçue avec Dominique Farrugia[1], et une resucée de *Mon Zénith à moi*, avec Michel Denisot (les vieux pots,

1. Un numéro de *La Très Grosse Émission* a effectivement été diffusé sur Canal+ le 28 juin 2016 et c'était pas joli à voir.

les meilleures soupes, tout ça). Une première que de voir Hanouna produire pour Canal+.

Une première et la conclusion d'un épisode homérique : Hanouna et le mystère du super gros contrat. En hausse continue depuis son transfert, concept et chroniqueurs inclus, de France 4 à D8, *Touche pas à mon poste* excite la concurrence : autour de 1,7 million de téléspectateurs et jusqu'à 8 % de parts de marché à un horaire décisif où l'écran publicitaire se dispute au couteau[1]. Début 2015, TF1 et M6 sont sur les rangs pour faire une OPA sur Hanouna. Et voilà qu'en ce mois de mars 2015, Nicolas de Tavernost, patron de M6, prend langue avec Cyril Hanouna, les discussions commencent et se déroulent bien. « On s'était mis d'accord, il y avait une probabilité assez forte que ça aboutisse », indique l'un des négociateurs du contrat. Le mois suivant, le bruit du futur kidnapping parvient aux oreilles de Rodolphe Belmer, numéro 2 de Canal+, et Ara Aprikian, en charge des chaînes gratuites, qui en informent Bertrand Meheut, président du groupe Canal. Aprikian est chargé de faire une contre-proposition à Cyril Hanouna. Dans le même temps, Bertrand Meheut contacte ses homologues de TF1 et de M6 pour les avertir en toute amitié que ce serait un « *casus belli* » que de lui piquer Hanouna. Ça fait très peur.

1. Avec le jeu *Money Drop*, TF1 oscille autour de 3,7 millions de téléspectateurs quand France 2 et *N'oubliez pas les paroles* dépassent régulièrement les 3 millions de karaokephiles, juste devant le *19/20* de France 3, suivi de *Chasseurs d'apparts* sur M6. Sur France 5, *C à vous* frise le million tandis que, derrière, dans la zone des 700 000 téléspectateurs et moins, *Le Grand Journal* se fait régulièrement fesser par *Les Ch'tis vs les Marseillais* de W9.

Ara Aprikian revient de la négo avec un chiffre : Hanouna est prêt à ne pas céder aux sirènes de M6 si on tope pour 190 à 195 millions d'euros sur six ans. Soit environ 32 millions d'euros l'année, contre 19 millions d'euros jusqu'alors. Gentil. Le deal, comme tous les contrats au-dessus de 100 millions d'euros, remonte chez le proprio, Vivendi. Réponse : trop cher. Aprikian repart donc à la négo et revient fin juin chez Vivendi avec un nouveau chiffre, 180 millions d'euros. Réponse : Bolloré reprend en charge la négo. Mais elle traîne au point que M6 est « à deux doigts d'aboutir », indique un des négociateurs. Rendez-vous est même pris pour la signature du contrat avec M6, rendez-vous annulé au tout dernier moment : « Bolloré a renversé la table pour garder Hanouna » et la Six ne peut pas suivre. Bilan de Bolloré dont on loue l'habileté financière : 250 millions d'euros, au lieu des 190 à 195 négociés initialement. Bravo, l'artiste.

250 millions d'euros plus les indemnités de départ d'Ara Aprikian. Car dans l'histoire, le monsieur Gratuit de Canal+ a été viré. C'était à la toute fin de juillet 2015, à la veille de ses vacances et en une demi-journée. Un coursier de Vivendi passe récupérer ses parapheurs – histoire, certainement, qu'Aprikian ne signe pas un contrat de 5 euros pour dix ans avec Hanouna – et tchao la compagnie : assistantes en pleurs, équipes en panique dans l'*open space*. Après l'éviction brutale de Belmer un mois plus tôt, celle, toute aussi expéditive, d'Aprikian commence à dessiner le film de la rentrée, celui de la purge. Et ce de manière salement réaliste : « Aprikian, ça fait basculer dans le scénario noir. On pouvait trouver des excuses pour le fait d'avoir licencié

Rodolphe Belmer, mais là, c'est la purge. C'est un choc. Les gens ont compris que ce n'était pas qu'un changement normal de managers », raconte un de ceux qui ont vécu l'épisode de près.

Une *poison pill* dans le contrat d'Hanouna

Le crime commis par Ara Aprikian est mystérieux mais, semble-t-il, grave. Vincent Bolloré l'accuse carrément d'avoir été « déloyal », d'avoir « caché des contrats ». Il le dit le 3 septembre au cours d'un comité d'entreprise et il le redit quelques heures plus tard lors du fameux comité de management où il vire une bonne partie des cadres de Canal+. Au cœur de la discorde, il y a en fait une pilule empoisonnée. Oui, oui, littéralement : une *poison pill*, comme on dit en anglais du business. Dans le contrat précédent avec Hanouna, Ara Aprikian avait glissé cette fameuse *poison pill* : si l'animateur décidait de rompre son contrat avec D8 pour passer à la concurrence, alors D8 conserverait *Touche pas à mon poste* pendant un an – et pour deux fois moins cher. Une manière de gêner son départ et surtout d'empêcher qu'Hanouna ne reproduise ce qu'il a fait à France 4 en transférant sur D8 émission et chroniqueurs.

Mais l'explication de Bolloré est confuse et Vivendi n'a pas donné suite à nos appels pour essayer d'y voir plus clair. De ce qu'il dit dans le procès-verbal du comité d'entreprise comme lors du comité de management, Bolloré semble croire qu'Hanouna parti, D8 aurait été contrainte de diffuser *Touche pas à mon poste* – dont l'audience, quand il ne présente pas, n'est effectivement pas glorieuse, désolés pour ceux, Julien Courbet et autres, qui jouent les doublures – pendant un an et ce à plein tarif. Or, non seulement le tarif était en ce cas beaucoup moins élevé mais surtout, dans le nouveau contrat, celui que négociait Aprikian, il n'y avait plus de clause en forme de pilule empoisonnée : elle était dans le précédent. Incompréhension ? Prétexte ? Une chose est sûre : la *poison pill*, c'est Bolloré qui force Aprikian à l'avaler.

Il fallait garder Hanouna, et il fallait le garder à tout prix. D'autant qu'en même temps qu'il révélait la signature du mirobolant contrat, Vincent Bolloré annonçait un autre mouvement. Vivendi est entré au capital de Banijay, la société de production de Stéphane Courbit et maison mère de celle de Cyril Hanouna. C'est du gros, et même du très gros : l'arrivée de Vivendi se fait au moment où Banijay fusionne avec Zodiak, un autre maousse producteur. Et c'est Bobo qui détient un quart du nouveau mastodonte, désormais numéro 3 mondial du divertissement télé avec, en France, des émissions telles que *Taratata*, *Koh-Lanta* et, bien sûr, tout Cyril Hanouna. On notera au passage que tout ça reste en famille. Cyril Hanouna a fondé H2O en 2010 avec comme actionnaire à 51 % Havas, détenu par Bolloré, et représenté par son fils Yannick. Et en 2012, Vincent Bolloré quitte H2O remplacé par Stéphane Courbit qui devient actionnaire à 92 % de Cyril Hanouna.

Tout ça pour un type qui remplit les pompes d'un de ses chroniqueurs de ce que vous savez, verse des nouilles dans le slip d'un autre ou écrase des œufs sur le crâne des survivants, le tout en s'esclaffant bruyamment de ses propres désopilantes facéties. Eh bien oui. Un patron, pardon, deux patrons plus tard – après Aprikian l'été dernier, Xavier Gandon directeur de l'antenne et des programmes de D8, a jeté l'éponge le vendredi 18 mars 2016 –, Hanouna fait officiellement sa loi sur D8. « Maintenant, il n'y a plus qu'Hanouna et Vincent Bolloré qui décident », juge un bon connaisseur de la chaîne. D'ailleurs, Franck Appietto, qui vient d'être nommé en remplacement de Xavier Gandon, connaît bien Hanouna et passait beaucoup de temps dans la régie de *Touche pas à mon poste* du temps où il dirigeait les divertissements de D8.

Car il vaut mieux être Hanouno-compatible pour survivre sur D8. Et dans *Touche pas à mon poste*, n'en parlons pas. C'est ce que raconte l'enquête de *Society* décrivant les coulisses pas jolies jolies de l'émission, témoignages de chroniqueurs à l'appui. Ils dessinent, effarés, le glissement de l'émission de vague divertissement à base de télé à un barnum hystérique et ingérable, et d'Hanouna de GO un peu lourdingue à patron adepte de la « tyrannie du rire », écrit le magazine. Un article certainement peu agréable pour l'animateur mais transformé en psychodrame à l'antenne par Hanouna *himself* qui en fait une véritable affaire twittero-cathodique. Parachevée, le lendemain, par le départ du chroniqueur mal dans ses pompes, Bertrand Chameroy. Analyse de cette capilotade par un salarié de D8 : « Cyril Hanouna, c'est Ara Aprikian qui le coachait à peu près ; le résultat de la magnifique purge de Bolloré, c'est qu'il n'y a plus personne pour le gérer et personne ne fait contrepoids à H2O sur la chaîne. »

Un ancien de D8 confirme : « C'est très difficile de piloter Cyril Hanouna, il est en ligne directe avec Vincent

Bolloré. » Et ce n'est pas une figure de style. Exemple le 9 septembre 2015, dans les coulisses de *Touche pas à mon poste*. Pour l'émission du soir, Bertrand Chameroy – celui des chaussures, donc – a prévu une petite vanne sur Bolloré et sa volonté de changer le nom de D8 en C8. Voilà que la petite vanne remonte d'étage en étage jusqu'à Vincent Bolloré en personne. Un peu avant de prendre l'antenne, face à Chameroy et d'autres membres de sa bande, Hanouna est au téléphone. Il raccroche et transmet à Chameroy : pas de petite vanne. L'histoire a été racontée par le site d'infos sur la télé *Puremedias* à ce détail près. Les témoins de la scène ont tous vu le nom affiché sur l'écran : au téléphone avec Cyril Hanouna, c'était Vincent Bolloré.

Hanouna appelle Bolloré pour dauber sur *Le Zapping*

Autre exemple du téléphone rouge entre Hanouna et Bolloré début octobre. *Le Zapping* de Canal+ vient de prendre un malin plaisir à diffuser de larges extraits du reportage sur le Crédit mutuel censuré sur la chaîne cryptée par Bolloré et récupéré par France 3. Devant son équipe, Cyril Hanouna n'hésite pas à raconter comment il a appelé Vincent Bolloré pour dauber sur les méthodes dudit *Zapping*. Classe.

Comme à un enfant gâté, on lui passe tout, chez D8. Tout nouveau projet d'émission doit en passer par lui. Le JT diffusé après *Touche pas à mon poste* l'empêche de déborder à son aise ? On enlève le JT qui a été déplacé depuis la rentrée dernière ! Et il n'est pas rare de voir l'émission repousser l'heure du *prime time* d'un bon quart d'heure. Quand *Le Grand Journal*, diffusé pile en face sur Canal+, modifie les horaires de ses écrans pub, Hanouna exige et obtient qu'on lui installe un moniteur réglé sur le clair de la chaîne cryptée. Et c'est lui qui, depuis le plateau, décide du lancement des pubs sur D8 afin que les téléspectateurs du *Grand Journal* qui zapperaient sur *Touche pas à mon poste* pendant la réclame tombent sur son émission, et pas sur un écran publicitaire…

Un souci qui devrait être réglé par la nouvelle pochade d'Hanouna. Impossible de lui échapper : le lundi 21 mars, l'animateur plénipotentiaire a annoncé vouloir faire une spéciale de *Touche pas à mon poste* qui durerait 24 heures. 24 heures ? Un peu petit bras, Hanouna, si on peut se permettre.

i-Télé : la laisse et la délaisse

5 avril 2016

« Oui, je suis au courant, je regarde BFMTV. » La campagne de pub claque un peu partout en blanc sur bleu. On serait bien tentés de conseiller à Vincent Bolloré de regarder BFMTV ; comme ça, il serait au courant. Ce mardi, LCI, la chaîne tout-info de TF1, passe au gratuit. Venant joyeusement bouffer de la part de marché sur le dos d'i-Télé, sa filiale à lui, Vincent Bolloré. Celle de Canal+ plus précisément, groupe sur lequel il règne sans partage.

Parce que autant chez BFMTV on s'est préparé à cette arrivée sur le marché gratuit de l'info en continu, avec cette campagne notamment, la première d'une telle envergure pour la chaîne, mais aussi avec un nouvel habillage et un nouveau logo, autant chez i-Télé, rien, nib, walou. Pas l'ombre d'une stratégie, pas la queue d'une réponse. Sachant que la chaîne info[1] de France Télévisions arrive en

1. France Info, tel est le nom choisi par la direction de France Télévisions pour cette future chaîne conçue avec France Info (la radio) et France 24. Une consultation des journalistes concernés a été orga-

septembre prochain, il y aura alors quatre chaînes d'info gratuites en France, du jamais-vu dans le monde entier *of the world.* Parmi elles, seule BFMTV est à l'équilibre et c'est forcé, il y aura des morts.

À i-Télé, de nombreux journalistes se sont inquiétés de la situation auprès de leur direction. « Rien n'est anticipé, déplore l'un d'entre eux. La seule réponse qu'on a eue, c'est : "LCI, ça ne fait rien". » Bref, on s'en fout. « On nous a dit : "la priorité, c'est Canal et pas i-Télé" », rapporte un autre. Un troisième peste : « C'est une immense frustration de voir qu'on va passer de deux à quatre chaînes sans qu'on ne fasse rien. » Et de conclure, fataliste : « Notre direction est amorphe. »

Voilà qui ne vient pas remonter le moral des troupes d'i-Télé, déjà bien dans les chaussettes depuis que la tempête Bolloré s'est abattue sur leurs têtes, le 3 septembre 2015. Ce jour-là, on l'a vu, Bolloré est nommé grand patron du groupe et il ratiboise en direct la quasi-totalité de l'état-major de Canal+ pour y mettre ses hommes. Céline Pigalle, directrice de la rédaction d'i-Télé, et Cécilia Ragueneau, directrice générale, font partie de la charrette qui apprend en live qu'elle est virée ou plutôt remplacée, puisque seuls les noms des nouveaux sont prononcés, les ex sont déjà rayés de la bouche de Bolloré.

Le lendemain, Céline Pigalle est en conférence de rédaction quand un communiqué de presse annonce officiellement la nouvelle. Excellent sens du timing : stupéfaction, larmes,

---

nisée par les sociétés des journalistes de France 2, France 3 et France TV Info, dont le résultat a été rendu public : 94 % d'entre eux disent « non » à France Info…

applaudissements. « Là, on bascule dans un truc inouï », raconte un témoin de la scène.

À i-Télé, on était d'accord ou pas avec les partantes, Céline Pigalle et Cécilia Ragueneau. Mais leurs remplaçants laissent les journalistes comme deux ronds de flan. Guillaume Zeller, nouveau directeur de la rédaction qualifié la veille de « Sciences-Po charmant » par un Bolloré particulièrement urbain, était auparavant rédacteur en chef du site de *Direct Matin*. Ce qui, outre que ça laisse à penser que le garçon ne sera pas le plus farouche des Bolloréo-résistants, est un peu juste, niveau CV, pour diriger une rédaction de chaîne info.

Zeller, l'Algérie française et Radio Courtoisie

Mais surtout, les journalistes découvrent un poil effarés le pedigree de leur futur chef. Guillaume Zeller est un pur produit Bolloré qui a connu les débuts de Direct 8 où, sur l'air de *Moonlight Shadow* qui ponctuait les pains techniques, il présente matinales, mensuelles, chroniques dans le mag religieux *Dieu merci !*, puis on le retrouve à *Direct Soir*, et re Direct 8 comme directeur de la rédaction. Passe encore, c'est la méthode Bolloré que de farcir le moindre interstice de Canal+ d'hommes de confiance. En revanche, la passion de Zeller, petit-fils d'un des généraux putschistes d'Alger, pour l'Algérie française (il a signé, sur le site réac *Boulevard Voltaire*, une défense de Paul Aussaresses, ce militaire réputé pour sa pratique de la torture pendant la guerre d'Algérie, qu'il décrit en « héros national »), fait légèrement tiquer. De même que son goût pour Radio Courtoisie, dont il est un habitué.

Quant à Virginie Chomicki, c'est un mystère que de la voir décrocher le poste de directrice adjointe de la chaîne. Elle a déjà postulé à i-Télé et sa candidature avait été chaudement recommandée de toutes parts : « On n'avait jamais vu ça », se souvient un ancien, épaté d'un tel entregent. Candidature rejetée. Celle qui avait eu l'outrecuidance de ne pas l'embaucher, Laure Bezault, secrétaire générale d'i-Télé, sera d'ailleurs virée peu après l'arrivée de Virginie Chomicki. Un peu de présentation de JT, quelques années à LCI, un peu de TV5 Monde, mais rien, dans son CV, qui justifie tel bombardement en tant que numéro 2 d'i-Télé.

Et voilà donc i-Télé lestée de cet attelage que, pour rester polis, nous qualifierons de « baroque » et chapeauté par Jean-Christophe Thiery, *Bolloboy* pur sucre, qui préside la chaîne info en même temps que Canal+. À la fin du mois de septembre 2015, à l'invitation de la rédaction, c'est même Vincent Bolloré en personne qui vient lui rendre visite. Et comment s'adresse-t-il à cette équipe traumatisée ? « Il est venu façon petit patron de PME, façon la Cogip », se souvient un journaliste. Un autre rapporte : « Il était à la fois assez séducteur, faisant des petites blagues, et violent. » Bolloré tel qu'en lui-même, quoi. Message de Bolloré à la rédaction : il faut arrêter de dire du mal à l'extérieur. Mieux, il faut appeler ses potes journalistes pour dire du bien du groupe. C'est peu dire que le message passe assez mal. Et quoi d'autre ? Un journaliste raconte : « Il nous a dit en substance, vous pouvez encore pleurnicher quinze jours, mais mettez-vous au travail. Ce qui est toujours agréable à entendre, surtout quand on bosse comme un chien. » i-Télé se voit aussi reprocher en vrac ses audiences moitié moins importantes que celles de BFMTV, son habillage, son nom. Bolloré usant au passage d'une de ses métaphores préférées : « Quelqu'un qui est trop gros, tant qu'il ne dit pas qu'il est trop gros, il ne commencera pas de régime. » Interrogé sur ses accointances politiques, celui qui prêta son yacht, *La Paloma*, au vainqueur de l'élection présidentielle de 2007 répond : « Je ne soutiens personne, ni Nicolas Sarkozy ni personne. » Enfin, Bolloré promet des moyens pour i-Télé, et là, auprès d'une rédaction qui a toujours souffert de sous-investissement, le message porte.

Mais des sous pour faire quoi ? La grande idée de l'équipe Bolloré tient en cinq lettres : CNews. Car c'est ainsi qu'i-Télé doit être renommée, de même que D8 et D17 deviendront C8 et CStar. *C* pour Canal, *capice* ? Brillant. Problème : ces changements de nom ne peuvent pas se faire en un claquement de doigts, il faut passer devant le Conseil supérieur de l'audiovisuel (CSA), et ça, pas sûr que Bolloré en ait été conscient avant de faire cette importante annonce. Résultat : aujourd'hui, la demande est toujours dans les tuyaux du conseil.

« Quand ils sont arrivés, résume un journaliste, ils nous ont reproché les audiences et ils ont dit qu'ils allaient tout changer : la ligne éditoriale, les incarnations, le nom. » Les « incarnations » ? À part une piteuse tentative de virer Bruce Toussaint vite ravalée devant les fuites, rien. La ligne éditoriale ? Selon un journaliste, pour la nouvelle équipe, « l'idée, c'était de faire plus de mag, conso, voyages et moins de *hard news* ». Et puis un certain 13 novembre passe par là.

Ce soir-là, sous l'œil d'un Guillaume Zeller spectateur, la machine de guerre que devient une chaîne info dans ce genre d'événements se met en ordre de marche. Jean-Christophe Thiery et Maxime Saada, numéro 2 de Canal+, débarquent. Le lendemain, la chaîne a même l'honneur de revoir Vincent Bolloré en ses murs. « Avec le 13 novembre, relate un journaliste, leur regard sur la chaîne et la rédac a changé. Ils se sont aperçus qu'on savait faire. Que le *hard news*, c'est pas si mal. » À partir de là, la rédaction ne se voit plus seriner la rengaine du « plus de mag » : « Ça a eu deux vertus. Ça nous a prouvé qu'on était une bonne rédac. Et ça les a fait tourner, ça leur a montré l'intérêt qu'on pouvait avoir. »

Une rédaction en autogestion

Ça montre aussi la réalité du fonctionnement de la chaîne : au jour le jour, c'est l'équipe mise en place par Céline Pigalle qui fait tourner i-Télé, du directeur adjoint de la rédaction, Alexandre Ifi, aux différents rédacteurs en chef. « On est en autogestion », disent en chœur les journalistes. Guillaume Zeller, qui s'était présenté auprès d'eux comme « le stagiaire », n'est jamais passé en CDD. Pourtant, quand on interroge les journalistes, ils décrivent tous Zeller comme quelqu'un de « courtois », « humain », « à l'écoute », loin finalement de sa très droitière image de départ. Mais ils sont tout aussi unanimes pour dire qu'il n'a pas les épaules : « On n'a pas l'impression d'avoir un journaliste en face de nous », juge un journaliste, quand d'autres sont un peu plus tranchants :

« Il est incompétent. » Quant à Virginie Chomicki, elle reste enfermée dans son bureau, à l'étage au-dessus de celui de la rédaction, à tricoter d'hypothétiques synergies avec Canal+.

Et puis il y a l'affaire de la charte. À l'automne, alertés par la censure d'un documentaire sur le Crédit lyonnais et sentant le vent du Bolloré, les journalistes d'i-Télé s'interrogent. Et s'aperçoivent qu'ils n'ont pas (en fait plus[1]) de charte censée définir les bonnes – et les mauvaises – pratiques journalistiques, ainsi que les relations entre rédaction et actionnaire. Si Canal+ vient d'expérimenter l'utilité d'un tel texte avec l'histoire du Crédit lyonnais et celle d'un reportage sur l'OM qui a déclenché l'intervention directe de son patron, Vincent Labrune, i-Télé est pour l'heure préservée. Tout juste a-t-on vu arriver sur les serveurs de la chaîne des images très *corporate* de la pose de la première pierre d'un Olympia à Conakry, en Guinée – une réalisation Bolloré. Un rendez-vous avec Guillaume Zeller a suffi à dissiper le malaise : on ne passe pas les images. Même chose pour une tentative de bloquer les images d'un match OM-OL au cours duquel un mannequin de Mathieu Valbuena (ex-OM et néo-OL) avait été pendu dans les tribunes du stade Vélodrome. Une blague de supporters, paraît-il, mais qui aurait pu vexer une nouvelle fois Vincent Labrune, a-t-on estimé en haut lieu. Là encore, une discussion avec Zeller repousse cette absurde tentative. Mais pour combien de temps ?

1. Il y a bel et bien eu une charte, signée en juillet 2000, par Jean-Marie Messier, alors grand patron d'Universal. Elle précisait les relations entre l'actionnaire et la chaîne et insistait sur l'« identité » et les « spécificités » de Canal+.

La rédaction s'organise alors. Remet sur pied une société des journalistes (SDJ) incluant aussi ceux de Canal+. Une charte est rédigée et massivement votée par les membres de la SDJ. Ce texte, *Les Jours* se le sont procurés[1]. Il s'inspire des chartes de 1938 et 1971, qui font autorité chez les journalistes.

La charte est envoyée à la direction à la mi-janvier, mais Vincent Bolloré et son état-major n'en veulent pas. Plus précisément, ils estiment qu'elle relève du comité d'éthique de la chaîne. Le comité d'éthique ? Allons bon, voilà autre chose. Imposée par le CSA, cette structure doit veiller, c'est stipulé dans son nom, à l'éthique de la chaîne. Figurez-vous qu'en septembre 2015 le comité d'éthique d'i-Télé a démissionné, du moins deux de ses trois membres : Julie Joly, directrice du CFJ (Centre de formation des journalistes) et Patrick Eveno, universitaire spécialiste des médias, à l'annonce du licenciement de la direction d'i-Télé. « La prise de pouvoir du groupe Vivendi sur Canal+ et sur la chaîne i-Télé nous interroge sur le rôle de ce comité », indiquaient-ils dans un communiqué. « Il y a une mainmise de Vivendi sur la rédaction et la ligne éditoriale de Canal+ et de i-Télé qui nous pousse en quelque sorte à prendre notre clause de conscience », ajoutaient-ils en claquant la porte. Beau geste. Mais diversement apprécié dans la rédaction de la chaîne info : « Le comité d'éthique, c'est quand il a démissionné qu'on a découvert qu'il existait. »

En janvier, un nouveau comité est constitué, et ce à la demande du CSA. Avec une mission claire, décrite ainsi

1. À consulter en annexe.

par l'instance : « Sa mission sera de garantir, sous le contrôle du CSA, l'indépendance éditoriale comme celle de l'information. » Le 12 janvier, dans un communiqué, Canal+ dévoile sa composition : Jean-Marie Colombani, Jean-Marie Coulon, Jacqueline de Guillenchmidt, Colette Neuville, Michèle Reiser et René Ricol. Jacqueline de Guillenchmidt ? Une ancienne sage du CSA qui était la seule survivante du précédent comité d'éthique : elle avait choisi, elle, de ne pas démissionner. René Ricol ? Un tout proche de Bolloré. Jean-Marie Colombani ? Très indépendant de Bolloré, puisque le patron de *Slate* vend à *Direct Matin* une page quotidienne, sauf le lundi où elle est remplacée par… « Jean-Marie Colombani, le bloc-notes ». Voilà l'équipe qui, écrit Canal+ dans son communiqué, « aura comme première mission de rédiger le texte de la charte qui s'appliquera à Canal+ ». Chaud.

Interrogé par *Les Jours*, Colombani dément aujourd'hui faire partie de ce comité : « Je n'en ai jamais fait partie, j'ai seulement fait partie des personnalités pressenties. Je ne peux pas faire partie de ce comité, c'est ridicule. Ce n'est pas mon sujet ; mon sujet, c'est *Slate*. » Ridicule, certes, étant donné qu'un partenariat entre *Slate* et i-Télé est dans les tuyaux, et risqué éthiquement parlant… Si on ajoute à ça que, selon *Le Canard enchaîné*, René Ricol a également quitté ledit comité, cette histoire d'éthique est bien mal embarquée. D'autant que le CSA a toussé en découvrant les membres du comité et a écrit à Canal+ pour lui rappeler que, pour figurer dans le comité d'éthique, il ne faut pas avoir de lien avec l'actionnaire…

Toujours est-il que janvier et février passent et que la

charte écrite par les journalistes reste lettre morte. Olivier Ravanello, le président de la SDJ, donne alors une interview au *Monde* réclamant la signature de la charte. Que n'avait-il pas fait là… Sitôt la parution, Ravanello, alors aux États-Unis, reçoit un coup de fil de Jean-Christophe Thiery qui lui souffle dans les bronches, allant jusqu'à lui parler de trahison. Suivra un rendez-vous de la SDJ avec Thiery et Maxime Saada, où il a été aimablement signifié à la SDJ qu'il lui faudrait rendre des comptes aux 8 000 salariés du groupe… Depuis, la direction a légèrement changé de ton pour dire qu'elle attend désormais la loi.

Car oui, dans leur quête d'une charte, les journalistes d'i-Télé et Canal+ bénéficient depuis quelques semaines d'un soutien de poids : une loi. Le texte, proposé par le député PS Patrick Bloche, achève sa navigation entre Assemblée nationale et Sénat. Cette loi doit notamment étendre à l'ensemble des journalistes la protection jusqu'alors uniquement prévue pour ceux de l'audiovisuel public. À savoir qu'« un journaliste ne peut notamment être contraint à accepter un acte contraire à son intime conviction professionnelle ». Et la proposition de loi précise sa pensée, confiant au CSA la mission de « s'assure(r) que les intérêts économiques des actionnaires des éditeurs de services de communication audiovisuelle et de leurs annonceurs ne portent aucune atteinte » à « l'honnêteté, l'indépendance, le pluralisme de l'information ». Spéciale dédicace à Bolloré.

i-Télé, c'est 14 JRI par jour, BFM, 30

Et ainsi vogue i-Télé, sans direction, sans stratégie, avec une rédaction en autogestion qui fait tourner la machine. « C'est devenu une espèce de barque qui flotte pour aller Dieu sait où », note un ancien. Et surtout, sans plus de moyens. Car oui, Bolloré a menti, ça alors ! Comme la précédente direction de Canal+ qu'il a occise, il n'a pas augmenté le budget d'i-Télé : un peu plus de 40 millions d'euros par an. « i-Télé, c'est 14 JRI (Journalistes reporters d'images) par jour, BFM, 30. C'est un rapport de un à deux, note un journaliste. On est moins nombreux et ça se voit. BFM, c'est un projet industriel et ça marche. i-Télé, il n'y a pas d'investissement. » Rapport du simple au double qui se reflète dans les audiences : 1 % pour i-Télé et 2,2 % pour BFMTV en 2015. Aujourd'hui, selon les chiffres livrés par le groupe, la filiale tout-info de Canal+ perd environ 15 millions d'euros, tandis que BFMTV est à l'équilibre depuis 2011.

Alors forcément, dans un paysage du tout-info gratuit qui va passer de deux chaînes à quatre, la question de la survie d'i-Télé se pose. « La victime, ce sera soit i-Télé, soit LCI », prophétise un connaisseur du secteur. Et au sein de la chaîne délaissée, où personne n'a pris la peine d'anticiper cette concurrence, comme un ressac, les rumeurs d'une vente vont et viennent : « On ne sait toujours pas ce que l'actionnaire veut faire de nous, on passera toujours après Canal+ », soupire un journaliste. Le recrutement de Céline Pigalle par LCI (on va se gêner ![1]) n'a rien arrangé

1. Céline Pigalle a depuis quitté LCI.

à l'ambiance, d'autant que, pour l'anecdote, la nouvelle est tombée alors que Zeller s'adressait à la rédaction pour faire une tentative de projet, un projet d'ailleurs très étrangement similaire à celui de Céline Pigalle. Quand ça veut pas…

Un Zeller qui continue de faire le « stagiaire » à i-Télé. Un boulot à plein temps qui ne lui a pas laissé une minute pour répondre aux questions des *Jours*. Marrante, cette blagounette du stagiaire, certes, mais gaffe, prévient un journaliste : « C'est un stagiaire qui a pouvoir de vie ou de mort. »

Tout comme Bolloré qui, selon ses propres dires, « adore les journalistes », la preuve, « ils font ce qu'ils veulent, mais à l'intérieur d'une ligne éditoriale, ce qui est normal ». « Ce qui est très frappant, raconte une journaliste au sujet des visites de Bolloré chez i-Télé, c'est la rencontre entre deux systèmes de pensée, deux univers qui ne se comprennent vraiment pas. Pour Vincent Bolloré, l'armée, c'est déjà légèrement indiscipliné, alors là, face à des journalistes, il n'en croit pas ses yeux. » i-Télé et Bolloré : une poule et un couteau. Et on sait qui tient le rôle du couteau.

Le roi du sot-business

21 avril 2016

« En fait, je me demande si Vincent Bolloré n'est pas un peu bête. » La vacherie, servie après mûre réflexion, est signée d'un ancien cadre de Canal+, certes viré par ledit Bolloré au cours de la razzia géante pratiquée en 2015 parmi l'état-major, mais qui le connaît par cœur, faites-nous confiance. Et pas le plus déglinglos des ex-dirigeants du groupe, faites-nous encore confiance.

Ce jeudi à 10 heures, il n'est pas exclu que l'observation traverse quelques cerveaux actionnaires de Vivendi. Le groupe tient en effet son assemblée générale et, sur la scène de l'Olympia – car Monsieur reçoit à domicile –, Vincent Bolloré va devoir convaincre, même si les généreux dividendes versés devraient suffire à assoupir l'assistance. Dégainera-t-il l'une de ses punchlines favorites rabâchée à longueur d'étages à Canal+? « Nous, on n'est pas des prix Nobel mais on sait faire du business. » Peut-être aurait-il fallu un peu mieux travailler à l'école, Vinvin, parce que niveau business, personne n'y comprend rien.

Le plus visible, d'abord : les programmes. En mars, selon l'institut Médiamétrie, la chaîne qui connaît la plus belle gamelle d'audience est… Canal+, bien sûr, avec 2,1 % de parts de marché, contre 3,1 % il y a un an. Si l'audience n'est pas le premier critère d'une chaîne par abonnement, sa vitrine en clair est tout de même sacrément fendillée. La faute à un *Grand Journal* remanié – par Vincent Bolloré –, à des *Guignols* privés de leur équipe historique d'auteurs – par Vincent Bolloré – et expulsés en crypté – par Vincent Bolloré. Champion.

Les émissions en clair ne marchent pas ? Supprimons le clair ! Ou au moins une bonne partie. Voilà la nouvelle lubie du patron, visiblement prêt à se passer de cet aspirateur à abonnés que sont censées être les tranches gratuites de Canal+. Et prêt aussi à s'asseoir sur les 40 millions d'euros de recettes publicitaires qu'ont rapportés ces tranches en 2015. La case du midi, celle de *La Nouvelle Édition*, pourrait notamment en faire les frais avec éventuel atterrissage sur la piste D8. Du côté du *Petit Journal*, les négociations vont bon train mais l'annonce de l'arrivée sur France 2 d'une production de Laurent Bon[1], qui signe aujourd'hui le rendez-vous de Yann Barthès sur Canal+, ne laisse rien augurer de bon pour son avenir bolloréen. Quant au *Grand Journal* version Bolloré, ses audiences s'enfoncent inexorablement[2].

Et quand on se souvient que Vincent Bolloré, lors d'un

1. Le discret patron de Bangumi, 48 ans à peine et le cheveu ras, produit également *Le Supplément*, sur Canal+, des documentaires (sur la mode) et plusieurs reportages pour *Envoyé spécial*.

2. *Le Grand Journal* version Maïtena Biraben continue de rassembler un public riquiqui, deux fois moins que celui que présentait l'année dernière Antoine de Caunes dont l'audience, déjà, avait sérieusement dévissé. Les tarifs publicitaires ont d'ailleurs dû être revus à la baisse.

corporate numéro de claquettes à l'Olympia en novembre dernier, avait promis à sa présentatrice Maïtena Biraben « Tu es avec nous jusqu'en 2022[1] ! », on a juste envie, au vu de sa souffrance à l'antenne, d'organiser une opération d'exfiltration façon *La Grande Évasion*.

Le seul qui semble assuré de s'en tirer dans l'opération, c'est Thierry Ardisson : en plus du samedi, son *Salut les Terriens !* serait désormais également diffusé le vendredi, a-t-on assuré aux *Jours*. Tandis que *Groland* filerait vers le crypté. *Le Zapping*, voué aux gémonies par Vincent Bolloré pour excès de diffusion d'extraits embarrassants[2], est semble-t-il désormais promis à être produit par Cyril Hanouna. Oui, on parle bien du même Hanouna qui daube auprès du même Bolloré sur *Le Zapping*. Est-il facétieux, ce Bolloré[3].

1. 2022, la date fétiche de Bolloré : il le répète sans cesse, Vincent Bolloré prendra sa retraite le 18 février 2022, 200 ans après la création par ses ancêtres des Papeteries de l'Odet et 70 ans après sa propre naissance.

2. Il a diffusé de larges extraits du docu sur le Crédit mutuel censuré sur Canal+ ; il a diffusé de larges extraits du *Complément d'enquête* consacré à Bolloré : *Le Zapping* n'allait pas se priver de diffuser de larges extraits de l'affaire Hanouna. Quelle affaire Hanouna ? Mais voyons, mardi soir, sur D8, Joey Starr, a vaguement griffé un chroniqueur de *Touche pas à mon poste* et, en guise de mesure de rétorsion, Cyril Hanouna a menacé de ne pas diffuser son émission tant que le Jaguar n'a pas présenté d'excuses. Oh non, pas ça… Et finalement, l'émission a eu lieu, quelle surprise.

3. Magie de la stratégie Bolloré : finalement, tout a changé. Ardisson a filé vers D8, *Groland* reste en clair sur Canal+ et quant au *Zapping*… Lire le chapitre Un « nouveau Canal » à la conf.

Réenchanter Canal et cajoler les abonnés

C'est que Vincent Bolloré veut cajoler l'abonné. « Il faut qu'on remette l'abonné au cœur du dispositif, disait-il début septembre aux managers de Canal+, il faut qu'on ait envie d'avoir des abonnés, il faut que les abonnés aient envie de venir chez nous. » Et ça urge. Si l'audience globale de la chaîne s'est débinée en mars, le mois a été également fâcheux pour les abonnements avec, selon nos informations, une chute de 37 % en mars 2016 des recrutements de nouveaux clients pour le groupe par rapport à mars 2015. Une tendance déjà observée à Noël, période pourtant faste d'ordinaire à Canal+ et qui n'arrange pas la situation générale : sous Bolloré, en 2015, Canal+ a perdu en France 405 000 abonnés, sur un total de 8,4 millions.

« Il faut réenchanter Canal. Il faut donner à cette maison plus de moyens », clamait encore Vincent Bolloré en septembre dernier. Quelques semaines plus tard, réunissant les salariés à l'Olympia pour une séance de remotivation des troupes, Vincent Bolloré annonçait même la couleur : 2 milliards d'euros (ou plutôt, comme le disaient Les Nuls, 2 milliards de brouzoufs). Mais l'investissement dans Canal+ semble déjà passé de mode. Et même, l'humeur est à la chasse effrénée aux économies. Signe des boîtes qui vont mal – TF1 l'a fait en son temps, et Canal+ déjà à l'époque de Messier : on s'en prend aux bouteilles d'eau. Fini les fontaines qui distribuaient eau froide, gazeuse et chaude : eau froide pour tout le monde. Le pain sec est à l'étude.

Beaucoup moins anecdotique, l'exemple d'i-Télé : la chaîne info de Canal+, déjà déboussolée et à la dérive a appris officiellement lors d'une réunion avec son – *so called* – directeur de la rédaction Guillaume Zeller, la semaine dernière, qu'aucune équipe de la rédaction ne serait dépêchée aux jeux Olympiques de Rio cet été – JO pourtant diffusés sur Canal+. Lors de la même houleuse réunion, il a été signifié à i-Télé qu'elle devrait se passer d'envoyer quiconque au festival de Cannes. Dans ce cas-là, les économies touchent tout Canal+ puisque le dispositif prévu a été annulé en dernière minute et Ali Baddou, qui devait animer une émission quotidienne, décommandé. Adieu plage du Martinez (déjà réservée pourtant), patio de Canal+ où se dandinaient festivaliers et se concluaient les contrats pour la grille de la rentrée suivante. Pour justifier l'absence d'i-Télé sur la croisette, Guillaume Zeller a glissé à ses équipes que Canal+ réduisait de 90 % son budget consacré à Cannes.

Notons tout de même que Vivendi n'inaugure pas là une politique anti-festival puisque, en revanche, a été annoncé le 18 mars dernier un partenariat avec une manifestation culturelle de premier plan : le festival de Brive. Canal+ en sera, a détaillé le dircom de Vivendi Simon Gilham[1], de même qu'Universal – fournisseur de vedettes maison tels Louane et Kendji Girac –, Digitick – pour la billetterie –, D17 – pour la retransmission de concerts –, D8, Dailymotion… Et i-Télé ! Qui, a indiqué Simon Gilham, rendra compte quotidiennement de l'actualité de Brive Festival dont le slogan est, rappelons-le aux oublieux, « un festival 100 % gaillard ». Encore et toujours la recette miracle de l'intégration verticale si chère à Vincent Bolloré, qui consiste à

1. Par ailleurs vice-président du club de rugby de Brive.

mixer dans une grande marmite Vivendi toutes les filiales. Détail, oh certes petit : personne à i-Télé ne semble avoir entendu parler de cette histoire de partenariat.

Canal+ en défaut de paiement

Il faut bien dire que les journalistes rincés par une saison forte en actualité sont plus préoccupés par les moyens qui n'augmentent pas, contrairement aux promesses initiales de Bolloré, et par l'absence de projet. Lequel projet est fomenté au niveau supérieur, celui de Canal+, par Jean-Christophe Thiery et Maxime Saada, mais évidemment cornaqués par Bolloré, et pourrait être dévoilé en juin. Au menu des premières pistes, des changements sur la grille et sur « l'incarnation ». Traduction de ce langage de télé : couic les têtes d'affiche.

L'objectif affiché des dirigeants de Canal+ pour la chaîne comme pour i-Télé est de revenir à l'équilibre dans deux ans. C'est Michel Sibony, « Bolloré boy » passé par Havas, qui est chargé de réduire tous les coûts possibles et on parle d'une baisse unilatérale de 20 %. Mais Vincent Bolloré a trouvé mieux encore que les économies : ne plus payer du tout. Depuis janvier, Canal+ ne règle plus les factures de certains prestataires. Chouette modèle économique. C'est ce qui, selon nos informations, se passe avec Chronopost qui achemine les décodeurs de Canal+ aux abonnés. Canal+ accuse un retard de paiement de trois mois, carrément. Du coup, chez Chronopost, on l'a eu saumâtre et il a été décidé, assez logiquement nous direz-vous, de bloquer l'envoi des décodeurs : pas de bras, pas de chocolat. La méthode a fonctionné puisque, quelques jours après, Canal+ s'est enfin acquitté de sa dette et les décodeurs ont pu poursuivre leur bonhomme de chemin. Mais ce n'est pas fini : Canal+ n'a payé que pour le mois de janvier et doit toujours 2 millions d'euros à Chronopost.

La stratégie du grand n'importe quoi

Côté décodeurs, justement, c'est la même stratégie du grand n'importe quoi. À l'automne 2015, Vincent Bolloré décide tout à trac d'interrompre le processus de production des nouveaux décodeurs qui devaient commencer à circuler au printemps. Au printemps, parce que ces décodeurs-là sont 4K, le nouveau format de super haute-définition qui permet de voir tout au fond des trous de nez de Cyril Hanouna avec une netteté incroyable. Pourquoi le printemps ? Parce qu'une grosse saison cathodiquo-sportive s'annonce avec l'Euro de foot puis les jeux Olympiques, et c'est le bon moment pour recruter de l'abonné en lui promettant, non seulement une netteté incroyable sur les trous de nez de Cyril Hanouna, mais aussi sur ceux de la délégation française de lutte. D'autant que Canal+ était en retard sur la 4K. Mais Bolloré a donc décidé que les décodeurs à venir n'étaient pas assez bien.

Et les équipes se sont mises à plancher sur une nouvelle bestiole mais qui ne sera pas prête pour les échéances, pourtant cruciales, des compétitions sportives. Alors, pour se rattraper aux branches, Canal+ a trouvé une parade mais assez pathétique : une chaîne Canal+ UHD (pour ultra-haute-définition) sera bien disponible pour les rendez-vous sportifs, mais chez… Orange, le grand rival devant l'Éternel. Un épisode mal vécu en interne où l'on a toujours tiré gloriole de détenir ses propres décodeurs.

C'est là, d'ailleurs, que vont passer une bonne partie des 2 milliards d'euros promis par Bolloré à l'Olympia en novembre : 600 millions d'euros pour changer les 6 millions de décodeurs. Une équipe de Polyconseil a été chargée de mettre en place le processus de fabrication. Poly comment ? Polyconseil, c'est la boîte qui fait notamment tout le bouzin informatique des voitures électriques de… Bolloré. Laquelle boîte, dont le dirigeant, Marc Taïeb, a été dépêché à Canal+, est une filiale de… Bolloré. Commentaire amer d'un technicien de Canal+ : « C'est de l'argent qui sort de chez Vivendi pour aller chez Bolloré. »

Bon, très bien. Et tout ça pour aller où ? Si on n'est pas extrêmement sûrs que, sur ce point, Vincent Bolloré apporte des réponses aux actionnaires ce jeudi 21 avril, il est en revanche certain[1] qu'il va charger encore et toujours la barque de Canal+, comme ça avait déjà été le cas lors des résultats annuels de Vivendi en février, où 264 millions d'euros de pertes avaient été annoncés. À cette occasion, le discours de Vivendi avait été anxiogène et martial, parlant

1. Ce jour-là, devant les actionnaires de Vivendi, Vincent Bolloré a fait mieux que charger la barque de Canal+, il a carrément agité la menace d'une « faillite » du groupe, distillant les chiffres qui servent sa dramatisation (la dette du groupe) mais pas ceux qui la desservent (son bénéfice de plus de 450 millions d'euros). La ficelle de Bolloré est tellement grosse qu'on jurerait une corde à nœuds…

de « menace » sur le groupe Canal+ et grondant que la maison mère « n'a pas les moyens de supporter indéfiniment ces pertes ». Sauf que, comme l'a expliqué BFM Business, ces chiffres ne correspondent pas à ceux qui ont été publiés en 2015 par la société d'édition des chaînes Canal+, alors cotée en Bourse et pouvant, par conséquent, difficilement faire joujou avec les résultats. Un tour de passe-passe qui consisterait à faire peser des coûts mutualisés entre CanalSat et Canal+ aux seules chaînes Canal+.

Toc-toc : Bolloré sonde les murs du studio d'Hanouna

Et quel intérêt de noircir ainsi le tableau ? La réponse vient du Qatar ou plutôt de sa chaîne BeIN Sports, avec qui Bolloré a annoncé un accord de distribution exclusif pour des sommes astronomiques de l'ordre de 1,5 à 2 milliards d'euros sur cinq ans. Accord qui permettrait à Canal+ de se refaire sur les droits que BeIN Sports lui a subtilisés. Accord soumis au feu vert de l'Autorité de la concurrence qui doit intervenir d'ici à fin mai. Donnez-moi le feu vert ou Canal+ mourra dans d'atroces souffrances. Et, avec la chaîne, le cinéma français, on connaît la chanson. La grille en clair de Canal+ ? Demandez donc à l'Autorité de la concurrence, plusieurs scénarios à géométrie variable sont à l'étude qui dépendront de sa décision. La privation de Cannes ? Allez donc chouiner à l'Autorité de la concurrence, car il s'agit là d'une subtile manœuvre consistant à affoler le monde du cinéma, qui ira ensuite pleurer auprès des politiques qui feront à leur tour pression sur l'Autorité. Tordu ? Un peu, mais mobiliser le monde du cinéma dont la rente est calculée sur le chiffre d'affaires de Canal+ est un grand classique. Pas contents, les journalistes d'i-Télé ? Qu'ils aillent manifester avec leurs cartes de presse en bandoulière, rue de l'Échelle, à Paris, où siège l'Autorité. Et tant qu'on y est, que les prestataires de Canal+ non payés depuis janvier envoient leurs factures à la même adresse.

On se moque, on se moque, mais quand même, question stratégie, Vincent Bolloré a le sens des priorités. Mardi 19 avril, dans l'après-midi, le tycoon a visité en personne le studio de Cyril Hanouna qu'il s'agissait d'agrandir pour la saison prochaine (le studio, pas Hanouna qui, lui, a plutôt grossi de 250 millions d'euros à la faveur du contrat que lui a signé Bolloré). Vincent Bolloré, l'œil expert, a sondé les murs : toc-toc, porteur ; toc-toc, pas porteur. C'est à ça qu'on reconnaît un véritable capitaine d'industrie. Toc-toc.

Bolloré fait fuir les abonnés

27 avril 2016

Depuis des semaines et des mois qu'il la serine, on commence à connaître la chanson de Vincent Bolloré. C'est que ça perd de l'argent, Canal+, ma pauv' dame, houlala. Il y a quelques jours, devant les actionnaires de Vivendi réunis en son Olympia, il était à deux doigts de faire passer la sébile dans l'assistance, allant jusqu'à agiter le spectre de « la faillite » de Canal+ : « Si les pertes continuent, il y a un moment où il faudra arrêter le robinet. » Et d'évoquer le chiffre – gonflé aux hormones ou invérifiable, cocher la bonne réponse – « de plus de 400 millions d'euros en 2016 » de pertes.

La faute à Bolloré

Et comme il n'a peur de rien, Vincent Bolloré a déclaré : « On dit que je suis la cause des pertes, mais j'en suis la conséquence et peut-être la solution. » La conséquence ? Ça se défend : il a mis la main sur un Canal+ déclinant. La solution ? Des économies à tous les étages, des prestataires qu'on ne paye plus, des équipes qui ne vont plus à Cannes ni aux JO de Rio, une réduction des tranches en clair de Canal+ dans les tuyaux, et un accord de distribution avec la chaîne qatarie BeIN Sports. La cause ? Ça, désolés, cher Vincent Bolloré, mais c'est certain : c'est vous. Car si les abonnés avaient commencé à se faire la malle avant que l'industriel breton ne mette ses papattes sur le groupe, c'est depuis son règne que Canal+ souffre d'une terrible hémorragie d'abonnés. Selon les informations des *Jours*, au premier trimestre de 2016, le groupe a subi une perte nette de près de 200 000 abonnements.

Le document interne que se sont procuré *Les Jours*, étiqueté « confidentiel » et émanant de la « direction finance et performance », est sans appel. En décembre 2015, le groupe (c'est-à-dire les chaînes Canal+ et CanalSat) comptait 7,535 millions d'abonnements. En mars 2016, ils ne sont plus que 7,339 millions[1], 196 000 abonnements de moins. Commentaire du document : « Un premier trimestre de l'année en recul de près de 200 K abonnements [c'est-à-dire 200 000, *ndlr*], en débord de 20 K par rapport à la prévision suite au résultat dégradé du mois de mars en particulier sur la résiliation. » Sur la totalité du trimestre, 381 000 abonnements ont été résiliés et 185 000 seulement ont été contractés, soit 34 000 de moins qu'une année plus tôt.

Près de 200 000 abonnements en trois mois, le chiffre est énorme : c'est, en un seul trimestre, la moitié de ce qu'a perdu Canal+ tout au long de 2015 (405 000 abonnements

1. Les chiffres publiés ici concernent les abonnements de particuliers à Canal+ et CanalSat en métropole.

envolés), une année déjà pas glorieuse. Et la tendance ne va pas s'améliorant puisque, toujours selon nos informations, en mars, les recrutements d'abonnés ont chuté de 37 % par rapport à mars 2015.

Si la fuite est tendancielle, la faute à Netflix et son orchestre, son important débit est une conséquence directe de la mainmise de Bolloré sur Canal+ depuis l'été dernier : *Guignols* exfiltrés en crypté, *Grand Journal* remanié et, conséquence, des tranches en clair à l'audience en capilotade. La chaîne, qui passe une bonne partie de son temps à sonder ses abonnés, évalue à un tiers des nouveaux clients ceux qui viennent notamment grâce à la vitrine du clair. Et pas sûr que ceux qui avaient choisi de venir pour le foot aient apprécié de voir la Premier League (c'est un jeu de ballon anglais, nous dit-on) passer, comme on l'a vu, chez Patrick Drahi et ce, dès la prochaine saison.

Sous Bolloré, l'image de Canal+ a également considérablement morflé : coupage de têtes généralisé, censure, contrat extravagant avec Cyril Hanouna… Un cadre, qui a fini par quitter le groupe récemment, raconte : « Bolloré, c'est un mode de management très particulier ; comment arriver en un rien de temps à faire que les salariés ne soient plus fiers de dire “Je travaille pour Canal+” ? » Visiblement, pour les abonnés, c'est pareil.

Le cinéma français menacé

Suprême ironie : alors que Bolloré s'échine à charger la barque de Canal+ pour que, commiséreuse, l'Autorité de la concurrence valide l'accord de distribution exclusive conclu avec la chaîne sportive BeINSport, il est en train de couler lui-même ladite barque. Vous nous direz, après tout, c'est son argent, à Bolloré… Oui mais là, on vous répond : et le cinéma français, alors, espèce d'inconscient ? Car, oui, Canal+ est le grand argentier du septième art puisque 12,5 % de son chiffre d'affaires doit être investi dans le cinéma européen (dont 9,5 % dans les productions françaises). Et la fuite des abonnés au premier trimestre, calcule un spécialiste du dossier, c'est trois ou quatre films qui ne se font pas. Début avril, la ministre de la Culture et de la Communication Audrey Azoulay déclarait au *Figaro* : « Dès ma prise de fonction, j'ai rencontré Vincent Bolloré, qui a pris l'engagement devant moi de maintenir le niveau de contribution du groupe Canal+ au financement du cinéma. »

Parole de Bolloré. Parole de ministre. Et donc de l'État. D'ordinaire au mieux silencieux, au pis d'une incroyable complaisance – tel le conseiller spécial de François Hollande, Bernard Poignant, dans un récent *Complément d'enquête* diffusé sur France 2 : « Je préfère le groupe Bolloré en Afrique que les Chinois ou les Russes […] parce que je préfère la France, c'est tout bête » –, l'État, si le règne de Vincent Bolloré en vient à mettre en péril le cinéma, va devoir se remuer le popotin.

« Touche Pas à Le Petit Journal »

13 mai 2016

Nous revenons du futur et on peut vous dire que c'est pas jojo. L'humanité rêvait paix universelle et petits hélicoptères personnels pour tous, eh bien, il va falloir être fort : le futur, c'est Cyril Hanouna. Enfin, du moins le futur de dans trois mois, parce que nous nous sommes simplement projetés le 29 août 2016 à 20 heures 55, alors que, sur Canal+, *Le Petit Journal* désormais présenté et produit par Hanouna, vient de se terminer. Car ce lundi-là, la chaîne cryptée de Vincent Bolloré a tenu sa promesse faite le 9 mai 2016 par voie de communiqué et de tweet : « Bien sûr *Le Petit Journal* reprendra à la rentrée sur Canal+ dans une formule rénovée. » Tout est dans le « bien sûr » et dans le « rénovée ».

Mais avant de vous raconter la formule « rénovée » du *Petit Journal* qui, Hanouna oblige, s'appelle désormais *TPLPJ*, pour *Touche Pas à Le Petit Journal* (oui, « à le », que voulez-vous, Cyril Hanouna, lui, n'a pas été rénové), rappelons plutôt les faits survenus en ce 9 mai 2016. Che jour-là, voichi que chur l'AFP (pardon pour le petit souci d'élocution, c'est que le Dr Garriberts écrit en bourrant sa pipe comme à chaque fois qu'il raconte une de ses belles histoires), ce jour-là, quelques heures avant le communiqué de Canal+, voici que sur l'AFP tombe une « alerte », à 7 heures 30 tout pile. Une alerte, c'est du gros ; au-dessus, en vocabulaire d'AFP, il n'y a que le « flash ». La nouvelle tient en douze mots : « Yann Barthès va quitter *Le Petit Journal* sur Canal+ (déclaration à l'AFP). »

On va à la ligne, histoire de vous laisser le temps de récupérer votre mâchoire tombée par terre à la suite de cette nouvelle (qui, en même temps, n'a pas pu vous échapper, ou alors on a un truc un peu triste à vous dire concernant Prince). Enfin, attendez un peu pour ramasser votre mandibule parce que, dans cette même journée de lundi, a été annoncée la destination de Yann Barthès : TF1. Oui, la Une honnie et tant de fois raillée dans *Le Petit Journal*. Yann Barthès, parti de Canal+ avec armes, bagages et Bangumi, la boîte de production dans laquelle il est associé au producteur Laurent Bon, présentera une émission hebdomadaire sur TF1 mais pas seulement. Il a également décroché une quotidienne sur celle que plus personne, hélas, n'appelle plus Télé Monte-Carlo : TMC, filiale de la Une. Hou ! Hou ! Yann Barthès, il va aller sur la chaîne de Jean-Pierre-Foucault et Denise Fabre-heu ! Hou ! Hou ! Le mec le plus sexy de l'année selon *GQ*, il va sur la chaîne qui diffuse encore des trucs pourris de chez AB comme *Les Mystères de l'amour*-heu ! Hou ! Hou ! Panayotis[1], il va animer *TMC Kids*-heu ! Hou !

1. Freluquet du type que *Le Petit Journal* semble produire à la chaîne, Panayotis Pascot fait une séquence où, pour faire court, il fait le con dans la rue.

Hou ! Catherine et Liliane, elles vont se marier avec le prince Albert-heu !

La vengeance d'Ara Aprikian

On galèje, on galèje (désolés, Yann, maintenant que tu es sur TMC, on ne se moque plus, on *galèje*) mais TF1 ringardisant Canal+, c'est plutôt bien joué. D'autant qu'il y a, derrière ce rapt, une sacrée histoire de vengeance : celle d'Ara Aprikian. Second, l'été dernier, à faire les frais de ce que certains à Canal+ appellent « la Saint-Barthélemy » qui a vu une trentaine de cadres éjectés par Vincent Bolloré, Ara Aprikian, qui dirigeait D8, la chaîne gratuite du groupe, a été viré en à peine un demi-coup de cuillère à pot. Au cœur de cette éjection supersonique : Cyril Hanouna. Pour vous la faire en très gros, ce stratège de Vincent Bolloré a reproché à Aprikian de ne pas avoir assez bien négocié pour garder l'animateur sardinesque courtisé par d'autres chaînes. Et, au bout de sa propre négo, Bolloré s'en est tiré pour 60 millions d'euros de plus. Presque aussi drôle que le bêtisier des animaux d'Isabelle Morini-Bosc[1] dans *Touche pas à mon poste* (*TPMP*).

Aprikian aura mis six mois à se refaire la cerise, à revenir à TF1 (d'où il était parti en 2005 pour rejoindre Canal+) en tant que directeur des programmes et, désormais, Aprikian

1. Histoire de vous épargner la souffrance de regarder vous-même, la chroniqueuse diffuse des vidéos d'animaux où elle relève des analogies avec des chroniqueurs de l'émission. Ha. Ha. Ha.

se venge. Car non seulement, la quotidienne de Yann Barthès sur TMC risque de mordre les chevilles – voire plus haut, si affinités audimatesques – de Cyril Hanouna, mais en plus son émission pourrait bien jeter une dernière pelletée de terre sur *Le Grand Journal* de Canal+.

Mais revenons plutôt à notre voyage dans le futur. En ce lundi 29 août 2016, c'est jour de rentrée sur Canal+. Et depuis le début de l'année, c'est 600 000 abonnés qui se sont carapatés (calcul savant basé sur la fuite de 200 000 abonnements au premier trimestre). « Les baignoires à porte Cantrelle vous présentent… » Oui, niveau standing des sponsors, ils rament un peu, à la régie pub de Canal+ – quoique, sur ce coup-là, il y a eu grosse concurrence avec Stéradent, le décapant pour dentiers. Voici donc *Touche Pas à Le Petit Journal*. « Dongdong, dongdong. » Ah tiens, il y a toujours les cloches de fin de génér… « PLOUM PLOUM POUËT POUËT. » Ah mais Cyril Hanouna n'a pas pu s'empêcher de remixer le générique avec son hymne perso, *Les Sardines*, interprété live par une fanfare. Oui, bon, c'est un style. Tiens, et il a adapté les paroles aussi : « AH QU'EST-CE QU'ON EST SERRÉ AU FOND DE CETTE BOÎTEUUU, SUR CANAL PLUSSEUUU, SUR CANAL PLUSSEU… » Notre objectivité journalistique basée sur les faits du futur nous oblige à préciser que c'est faux, puisque la moitié des effectifs de Canal+ s'est enfuie en courant en juin 2016, au moment où Vincent Bolloré a annoncé la fin du clair à l'exception du *Petit Journal* rénové par Cyril Hanouna. Qui donc n'est pas du tout serré au fond de cette boîte mais tout seul en plateau, comme l'était Yann Barthès.

« Bonjour mes petites beautés, c'est *Touche Pas à Le Petit Journal*, hashtag TPLPJ. » D'accord, on a pu tordre le nez à l'annonce[1] de cette reprise en main du *Petit Journal* par Cyril Hanouna mais d'abord, nom et concept appartiennent à Canal+, et puis toutes les rubriques habituelles ont l'air d'être là. Certes, sans ceux qui les animaient du temps de Barthès, tous remplacés par les chroniqueurs de *Touche pas à mon poste*, le phare de la pensée et de l'audience de D8.

Ainsi *Touche Pas à Le Petit Journal* continue d'arpenter le monde à la recherche des conflits qui font trembler la planète comme le faisait Martin Weill, globe-trotter à t-shirt journalistique. « Par contre cette année mes petites beautés, annonce Cyril Hanouna, on a décidé de faire que des pays rigolos, hashtag pays rigolos, allez-y sur Teuteur et Boobook[2], donnez des noms de pays rigolos. » Et Cyril Hahahahanouna de partir dans un de ces rires qui ont fait sinon sa réputation du moins une bonne part de son contrat à 250 millions. « Alors, vous êtes où, Camille, ma petite beauté ? » Et en duplex satellite, ledit Camille Combal (qui présente, dans *Touche pas à mon poste*, un pauvre *Zapping*), en duplex satellite, de répondre : « En Macédoine. » Hurlement de rire de Cyril Hanouna en plateau. « HihihihiHAHAHAHA, LA MACÉDOINE ! » Fin du duplex. « Et demain, mes petites beautés, Camille sera en Mongoliehihihihouhouha. »

1. On est bien d'accord qu'on a imaginé tout ça, hein ? Canal+ a annoncé fin juin 2016 que *Le Petit Journal* serait repris par Cyrille Eldin. Et Catherine et Liliane restent finalement sur Canal+.

2. C'est ainsi que, dans son langage d'enfant de 4 ans et demi, Cyril Hanouna désigne les réseaux sociaux Twitter et Facebook où il invite ses fans (on dit « fanzouzes » en langage Hanouna) à s'exprimer.

« Dans le slip des politiques »

C'est pas tout ça, le grand reportage, mais le fond de commerce du *Petit Journal*, c'est quand même la politique et le décryptage de la com d'icelle. Ça, Cyril Hanouna l'a bien compris et il a mûrement réfléchi à la façon dont il pourrait apporter sa petite touche personnelle. Voici donc la rubrique citoyenne de *TPLPJ*, celle qui va faire des copeaux de la langue de bois politique : « Dans le slip des politiques ». À chaque mensonge d'un élu, vous l'avez déjà compris, Matthieu Delormeau[1] redresse les torts de la démocratie en inondant de nouilles le coupable sous-vêtement. Ah non, s'il vous plaît, ne nous reprochez pas le futur !

Et puis il y a cette rubrique, dont Cyril Hanouna et Vincent Bolloré espèrent bien qu'elle deviendra culte lors de la présidentielle de 2017 (on vous a dit que, bien sûr, fidèle à la ligne directe qui les liait déjà à l'époque de D8, les deux avaient conçu *TPLPJ* de conserve ?) et qui reprend une grande passion d'Hanouna : le harcèlement téléphonique. Mais, en lieu et place des habituelles victimes – animateurs télé, chroniqueurs indociles, etc. –, c'est un politique qui est appelé et insulté en direct. Bien sûr, là encore, c'est interactif puisque ce sont les fanzouzes qui décident des injures (« Hashtag insulte un politique, allez-y mes chéris, lâchez-vous ! » lance un Hanouna plié en

1. Il y a peu, dans *Touche pas à mon poste*, au terme d'un défi débile, ledit Matthieu Delormeau, créature née sur NRJ12, vit son employeur Cyril Hanouna lui verser des nouilles dans le slip. Le CSA s'offusqua.

quatre). Valls, Hollande, Juppé, Sarkozy : tous y passent et, selon nos informations du turfu, c'est là que se décidera le prochain président de la République.

Mais on s'en voudrait de trop vous spoiler l'avenir, et on passera rapidement sur les différentes rubriques de ce *TPLPJ* adaptées des bonnes blagues de *Touche pas à mon poste* : le zizi dans le verre d'un élu, ou cette séquence où un homme – ou une femme, hein, pas de sexisme sur Canal+ – politique doit choisir un soulier au hasard, au risque de chausser celui rempli des déjections de Cyril Hanouna.

S'il y a en revanche une séquence du *Petit Journal* historique à laquelle il ne fallait pas toucher, c'est bien celle des deux secrétaires, Catherine et Liliane. Car Bolloré adore Catherine et Liliane. Le 21 avril 2016, lors de l'AG des actionnaires de Vivendi à l'Olympia, en réponse à une question sur la censure, il a même balancé le sketch desdites Catherine et Liliane où il se faisait (un peu) griffer. Parmi tous ses chroniqueurs de *Touche pas à mon poste*, Cyril Hanouna a longtemps hésité pour choisir ceux qui incarneraient le mieux ces deux morues de Catherine et Liliane. Il faut dire qu'en matière de distinction, il y avait le choix dans la brochette d'Hanouna, à commencer par Enora Malagré (qui avait l'avantage de réduire le budget perruque de 20 %), mais son interprétation était un peu trop réaliste et c'est la paire Jean-Michel Maire-Gilles Verdez[1] qui l'a emporté.

1. Le premier aurait été journaliste au *Figaro* mais ses activités hors *TPMP* semblent se résumer à faire de la pub pour des clopes

Nous voici de retour dans ce bon vieux mois de mai 2016. Pas de *TPLPJ*, sur Canal+, ouf. Mais un *Grand Journal* en capilotade, un Barthès barré, une drastique réduction du clair dans les tuyaux, un Hanouna qui va très bientôt se produire sur Canal+… Et hélas, contrairement à Pamela voyant, dans *Dallas*, Bobby sortir de la douche alors qu'il était totalement décédé au cours de la saison précédente, nous ne pouvons pas nous écrier : « Ô mon Dieu, heureusement ce n'était qu'un affreux cauchemar. » C'est ce qui est bien avec ce visionnaire de Bolloré : le pire du futur est déjà présent.

électroniques. Le second aurait été journaliste à *L'Équipe* avant de devenir tête de Turc emperruquée chez Hanouna (et réceptacle à gifle pas volée de Joey Starr).

Les syndicats sonnent l'alerte

20 mai 2016

Ils auraient pu dire « Au fou », crier « À l'assassin », manifester aux cris de « Tout le monde déteste Bolloré ». Mais non, c'est « Alerte ». Les syndicats de Canal+ ont en effet enclenché une procédure d'alerte[1], destinée, pour aller vite, à sonner les cloches de Vincent Bolloré afin d'avoir enfin des réponses aux questions posées et reposées depuis des mois, toujours en vain.

Le processus a été entamé avec le dépôt d'une lettre des élus du comité d'entreprise (CE) de Canal+ à la présidente dudit comité, missive accompagnée d'une série de questions. Nous nous sommes procuré ces documents. Selon la procédure du droit d'alerte, la direction doit désormais

1. Aussi appelée droit d'alerte. D'après l'article L2323-78 du Code du travail, « lorsque le comité d'entreprise a connaissance de faits de nature à affecter de manière préoccupante la situation économique de l'entreprise, il peut demander à l'employeur de lui fournir des explications ». En cas de réponses insuffisantes, ou si elles confirment « le caractère préoccupant de la situation », le CE rédige un rapport « au titre du droit d'alerte économique » qui est ensuite transmis à l'employeur et au commissaire aux comptes.

organiser un comité d'entreprise extraordinaire pour répondre aux questions. Si les réponses ne satisfont pas les élus, ils peuvent alors déclencher le droit d'alerte, et nommer un expert-comptable afin de rédiger un rapport destiné ensuite à saisir les plus hautes autorités de la boîte (conseil d'administration, de surveillance), qui sont alors tenues d'apporter des réponses ; et motivées, s'il vous plaît. Long et pointilleux, le droit d'alerte, mais le message des syndicats de Canal+ à Vincent Bolloré est limpide : mec, ça craint.

C'est généralement en cas de menace de faillite dans une entreprise que les syndicats ont recours au droit d'alerte. Originalité : dans le cas de Canal+, le terme de « faillite », c'est Vincent Bolloré en personne qui l'a agité comme une clochette sous le nez des actionnaires lors de l'assemblée générale de Vivendi, le 21 avril dernier. Ding-ding « faillite », ding-ding « arrêt des chaînes Canal+ », ding-ding « un milliard d'euros de dettes ». Hum, et ce, alors que le groupe fait un bénéfice de plus 450 millions d'euros ? Un chiffre qui, lui, n'est pas claironné. Contrairement à celui de 400 millions d'euros trompeté à tout bout de champ, soit la perte des chaînes Canal+ en 2016 estimée par Vivendi « si l'on ne fait rien ». À comparer avec les 264 millions d'euros de pertes rendues publiques par Vivendi en 2015 pour les chaînes Canal+.

C'est que, comme le rappellent les syndicats dans leur lettre à la présidente du CE déclenchant le droit d'alerte – une première en 32 ans de Canal+ –, Vincent Bolloré entretient « une confusion systématique entre le groupe Canal+ et les chaînes Canal+[1] ». La dette d'un milliard ?

1. Les chaînes Canal+, ce sont Canal+ et ses dérivés (Canal+ Cinéma, Canal+ Sport, Canal+ Séries, Canal+ Family et Canal+ Décalé) ; tandis

C'est celle de l'ensemble du groupe, notamment due à l'acquisition du groupe polonais de télé payante TVN. Mais quand Bolloré prévient que Vivendi ne « mettra pas indéfiniment la main à la poche », c'est bien les chaînes Canal+ qu'il montre du doigt, histoire de peindre le tableau d'un noir à la Soulages.

Un alarmiste tintamarre destiné à sonner plus loin que l'Olympia : du côté de la rue de l'Échelle à Paris, où siège l'Autorité de la concurrence. Laquelle Autorité doit rendre son avis, normalement, d'ici à la fin du mois de mai sur l'accord de distribution exclusif entre Canal+ et la chaîne qatarie BeIN Sports. Et tout tourne, jusqu'à l'absurde, autour de ce feu vert : réduction des tranches en clair, économies à tous les étages, lâchage en rase campagne de la chaîne info i-Télé, filiale de Canal+… Avec pour conséquence la perte de près de 200 000 abonnements sur les trois premiers mois de 2016. Et un Yann Barthès qui préfère encore se réfugier sur TF1 plutôt que de rester dans ce merdier velu. Un cadre dépité de Canal+ résume bien la situation radeau-méduséenne : « Il y a eu une césure fin 2015-début 2016 ; avant, les gens étaient virés ; maintenant ils veulent partir. »

Bref, il ne faut pas s'étonner que les syndicats de Canal+, dans leur lettre destinée à enclencher le droit d'alerte, soulignent que les communications de Vincent Bolloré « n'ont pas manqué de susciter une grande inquiétude tant au niveau des élus que des salariés ». Et ça ne s'est

---

que le groupe, eh bien, c'est l'ensemble du groupe. Soit toutes ces chaînes auxquelles s'ajoutent i-Télé, D8, D17, StudioCanal et Canal+ Overseas (les déclinaisons des chaînes à l'international, notamment en Afrique et au Vietnam).

pas arrangé avec le tir groupé dans *Les Échos* et *Challenges* cette semaine du bouillant Breton sur le thème « si l'Autorité de la concurrence ne valide pas l'accord avec BeIN Sports, je fous le feu à Canal+ ». C'est que, malgré toute la finesse du lobbying de Bolloré, il se raconte que l'Autorité n'est pas prête à donner son feu vert sans conditions. Caramba.

Dans le document remis à la direction de Canal+ intitulé « Questions posées par le CE dans le cadre de la procédure de droit d'alerte », les élus établissent une liste de neuf interrogations qui, à elles toutes, résument le sfumato, pour ne pas dire le brouillard complet, qui nimbe la stratégie de Vincent Bolloré depuis juin 2015. Sa prise de contrôle de Vivendi, et donc du groupe audiovisuel, date du mois de juin précédent, mais c'est par petites touches (séminaires à Los Angeles, à Londres, mails internes…) puis par grands coups de claques dans la tronche – la décimation des cadres du groupe entre juin et septembre 2015 – qu'il a assis son pouvoir.

Le comité d'entreprise veut des explications

Et le comité d'entreprise de demander « des explications et précisions sur les chiffres inquiétants rendus publics ». Au niveau des pertes financières (les 400 millions d'euros agités par Bolloré). Au niveau des recettes publicitaires, histoire de voir combien perdrait Canal+ à suivre la stratégie annoncée par le boss de vouloir réduire les tranches en clair, seules pourvoyeuses de pub, à leur plus simple expression.

Au niveau des abonnements : les élus demandent ainsi le décompte mensuel des abonnements et des désabonnements. Bien sûr, il s'agit de vérifier l'impact du zigouillage des *Guignols* en juin 2015, des mauvaises audiences du *Grand Journal* à compter du mois de septembre suivant, ou encore de la perte du foot anglais sur les abonnements. Autant de décisions *made in Bolloré*.

Dans le même esprit, le CE veut que lui soient communiqués « les résultats des enquêtes de satisfaction abonnés ». À la rentrée 2015, lors d'une réunion avec des salariés, le numéro 2 de Canal+, Maxime Saada, n'avait eu en effet, au sujet du dernier sondage couvrant l'épisode des *Guignols*, la censure d'un numéro de *Spécial Investigation* et la prise de pouvoir de Bolloré, que ce commentaire : « Dégueulasse. » Un chouille laconique.

Les élus furètent tous azimuts, exigeant ainsi des détails sur les contrats signés par Vincent Bolloré avec plusieurs animateurs-producteurs, dont Cyril Hanouna et Thierry Ardisson, qui voit la reconduction de *Salut les Terriens* (peut-être en crypté) assortie de gourmandises telles que des productions de séries et de films.

Quelques touches de mauvais esprit

On sent aussi, dans les questions, quelques touches de mauvais esprit. Les élus demandent ainsi « les règles de facturation » des salaires de cadres du groupe Canal+ qui travaillent pour d'autres entités de Vivendi « ou inversement » : chargerait-on la barque cryptée avec des rémunérations liées à des boulots dans des filiales de Vivendi ? De même, le comité d'entreprise réclame des éclaircissements quant aux « prestations croisées » entre entités de Canal+ et de Vivendi. Manière de dénoncer les pratiques de Vincent Bolloré en la matière.

Un rien chafouins, les élus interrogent aussi leur direction sur les « royalties versées à Canal+ dans le nouveau sigle CanalOlympia », du nom des salles de concerts qu'est en train de construire Bolloré en Afrique. Et veulent en savoir plus sur le financement du concert de Conakry. Le 26 septembre 2015, un show géant est organisé dans la capitale guinéenne, l'un des fiefs de l'activité portuaire de Bolloré. Le concert est diffusé sur D17, autre chaîne gratuite du groupe Canal+, et ce à quinze jours de la présidentielle guinéenne qui a vu Alpha Condé reconduit. Le même Alpha Condé, dont le premier mandat avait été, niveau com, cornaqué par Havas (détenu par Bolloré), et qui avait, en 2011, résilié la concession portuaire déjà attribuée pour vingt-cinq ans en la confiant à… oui, vous avez deviné : Vincent Bolloré.

Dans sa procédure d'alerte, enfin, le comité d'entreprise somme Vincent Bolloré de découvrir son jeu : si l'accord prévu avec BeIN Sports est retoqué par l'Autorité de la concurrence, quel est le plan B ? De même sur i-Télé. Mediapart l'annonce mise en vente, mais Vincent Bolloré *himself* a démenti ce mardi aux *Échos* – « Il ne faut pas vendre i-Télé ». « Quel est le projet de développement et le plan d'actions (…) ? », insistent les élus.

« Commencer à hausser le ton »

La missive et le droit d'alerte lancé par les élus du comité d'entreprise ne risquent pas d'arranger l'humeur de Vincent Bolloré qu'on dit chonchon ces temps-ci. D'autant que, jusqu'à présent, les syndicats n'avaient pas choisi l'offensive. Tous, alors que des élections internes approchent à grands pas, sont tombés d'accord pour « commencer à hausser le ton », indique l'un des représentants. La minoritaire CGT de Canal+ en est, bien sûr, de même que +Libres, le syndicat autonome majoritaire dans le groupe. Mais la CGC aussi s'associe au droit d'alerte, qui a sorti un tract intitulé : « #stopcanalbashing ». Ce doit être ça, l'humour à la Canal.

Le Zapping s'abrite à la CGT

24 mai 2016

« Votez Zapping ! Votez Zapping ! » Tel pourrait être le mot d'ordre de la CGT de Canal+ lors des prochaines élections professionnelles. Et pour cause : selon les informations des *Jours*, sur la liste que présente la CGT, figurent cinq membres de l'équipe du *Zapping* de Canal+, Patrick Menais, zappeur en chef, en tête. Voilà le tour joué par *Le Zapping* à Vincent Bolloré qui a dans le viseur Menais et son équipe depuis des mois et des mois.

Car cette candidature place de fait *Le Zapping*, du moins les cinq compères qui se présentent sur la liste de la CGT, à l'abri de Bolloré : ils sont invirables. Du moins pendant six mois : les candidats à une élection professionnelle bénéficient en effet, comme les élus, d'une protection contre la rupture de leur contrat de travail. C'est-à-dire que, pour les virer, la direction de Canal+ devrait demander l'autorisation à l'inspection du travail qui diligenterait une enquête pour vérifier que « la rupture du contrat n'est pas une mesure discriminatoire, liée aux fonctions de représentation du salarié », énonce le ministère du Travail.

Dans le viseur

« On est en phase avec ce que fait *Le Zapping*, explique Francis Kandel, de la CGT, minoritaire à Canal+, certes, mais remuante, si on avait pu mettre Yann Barthès sur la liste, on l'aurait mis aussi ! » L'animateur du *Petit Journal* a filé sur TF1 avant. Pour Patrick Menais et l'équipe du *Zapping*, c'est une autre histoire, dont un des épisodes clés remonte au 8 octobre dernier. Ce jour-là, une bonne partie du *Zapping* reprend des extraits de *Pièces à conviction* sur le Crédit Mutuel diffusé la veille sur France 3. En l'espèce, il s'agit de l'enquête de Canal+ censurée sur ordre de Vincent Bolloré. Un docu censuré par Bolloré et récupéré par France Télévisions ? Évidemment, c'est l'actu télévisuelle du jour que *Le Zapping* ne pouvait pas ignorer, ou alors ce n'est plus *Le Zapping* dont la signature est *« Le Zapping reflète la télévision »*.

Le lendemain de ce *Zapping*, la direction de Canal+ fulmine. Elle entame une procédure de licenciement à l'endroit du journaliste Jean-Baptiste Rivoire, rédacteur en chef adjoint de *Spécial Investigation* qui avait dénoncé tout haut la censure du documentaire sur le Crédit mutuel. Raté : ce même vendredi 9 octobre, Jean-Baptiste Rivoire rejoint le SNJ-CGT et il est nommé représentant syndical au comité d'entreprise de Canal+, afin, précisément, d'interroger la direction du groupe sur l'investigation… Et Canal+ renonce finalement au licenciement.

L'idée de rejoindre la CGT a dû trotter dans la tête de Patrick Menais – qui n'a pas donné suite aux demandes d'entretien des *Jours*. En plus de la direction de Canal+,

Menais s'est mis à dos… Cyril Hanouna dont la gracieuse émission *Touche pas à mon poste*, diffusée sur D8 la filiale gratuite du groupe, n'est pas exactement la tasse de thé du *Zapping*, et ce, depuis des lustres. Vengeance d'Hanouna qui a une ligne directe avec Bolloré : le lundi suivant la diffusion du *Zapping* spécial Crédit mutuel, il se vante devant son équipe d'avoir appelé Vincent Bolloré pour dauber sur le fameux *Zapping*. Chic.

Le Zapping bientôt produit par Cyril Hanouna ?

Les semaines, les mois passent et, chaque jour, Menais fournit *Le Zapping*. Qui n'est jamais visionné par la direction avant sa diffusion – une règle de base pour un tel concept – et ne sera donc jamais censuré, ne manquant jamais une occasion d'aligner Vincent Bolloré et ses âmes damnées. Ainsi, début avril, *Le Zapping* reprend de larges extraits du *Complément d'enquête* sur Vincent Bolloré diffusé sur France 2, entrecoupés, entre autres, de rires hystéros de Cyril Hanouna sur D8. Quelques jours plus tard, *Le Zapping*, production interne à Canal+ depuis sa création en 1989, apprend une drôle de nouvelle : il pourrait désormais être externalisé et produit à partir de la saison prochaine par… Cyril Hanouna et sa boîte, H2O Productions. Qu'importe, le 20 avril, *Le Zapping* ne se prive pas de s'étaler sur le piteux épisode de la pseudo-gifle de Joey Starr à Gilles Verdez, chroniqueur de *Touche pas à mon poste*, et du caca nerveux d'Hanouna, refusant de rendre l'antenne de D8. Le tout monté avec des séquences sur le burn-out ou comment apprendre à supporter ses collègues grâce au cheval : Verdez, tschhh (c'est le bruit du *Zapping* entre deux extraits), burnout, tschhh, Hanouna, tschhh, cheval, tschhh.

En coulisses, ce n'est pas beaucoup plus clair que la neige télévisuelle qui ouvre et clôt chaque numéro du *Zapping*. Entre l'épisode du Crédit mutuel et celui de *Complément d'enquête*, la direction des ressources humaines de Canal+ glisse à Patrick Menais qu'il doit s'attendre à ne plus faire partie de la chaîne très bientôt. Sauf que, magie de la gestion à la Bolloré, la direction des ressources humaines est virée aussi. Et plus rien ne se passe. Plus personne ne dit rien à Patrick Menais qui, lui, prend conseil… C'est que *Le Zapping*, ce n'est pas une boîte de prod' qu'on vire ; Menais, c'est un salarié de Canal+ avec un CDI vieux de 27 ans.

En écrivant, on se rend compte que ce qu'on vous raconte là ressemble à un *Zapping*, des séquences qui, mises bout à bout, montrent le réel, l'absurdité de la télévision, en l'espèce de la vie à Canal+ sous Bolloré. Un des ressorts du *Zapping* est d'entrecouper des extraits de la télé de la veille avec d'autres tirés de documentaires animaliers : Menais à la CGT, tschhh, Bolloré, tschhh… On vous laisse le choix de l'animal qui fera la chute de cet article.

Un jour sang

2 juin 2016

Ce jeudi 2 juin, le groupe Canal+ a connu son *red wedding*. Oui, *red wedding*, les noces de sang, comme dans le fameux épisode 9 de la troisième saison de la série *Game of Thrones*, qui voit une bonne partie des héros se faire zigouiller, sur fond d'incestes, de trahisons et de serments de vengeance. Au cours de cette seule journée, la chaîne a vu partir son animatrice vedette, Maïtena Biraben, fuiter le départ prochain d'un autre animateur, Ali Baddou, et la rédaction de sa filiale i-Télé mettre au vote une motion de défiance contre la direction de la chaîne info. Y a des jours, comme ça…

Le plateau du *Grand Journal* ? Le « magasin Picard »

Des jours comme ça qui signent la fin d'une saison bolloréenne, débutée par un autre massacre, celui de la direction de Canal+, poursuivie par une stratégie des plus erratiques et qui se termine par un sauve-qui-peut général des visages des antennes du groupe Canal+. Thomas Thouroude, qui semblait un temps incarner la relève de la chaîne, a filé au début de l'année, suivi tout récemment par Yann Barthès qui a pris la poudre d'escampette et son producteur du *Petit Journal*, Laurent Bon, pour demander l'asile politique – c'est dire l'ambiance à Canal+ –, à TF1. Le même mouvement a été opéré par Grégoire Margotton, voix du foot sur Canal+, tandis que Bruce Toussaint quitte i-Télé pour France 5 et qu'Ophélie Meunier – dont il vous aura peut-être échappé qu'elle présentait *Le Tube* le samedi sur Canal+ – a été chipée par M6.

Ce jeudi, c'est donc Maïtena Biraben qui a mis les voiles. Pas super étonnant tant les audiences du *Grand Journal* attaquaient le fond de la cave de Médiamétrie. Vincent Bolloré l'avait choisie en personne et lui avait promis qu'elle serait aux commandes de l'émission jusqu'en 2022, l'année où lui-même se rangera des voitures. Les audiences, ainsi qu'une émission montée en catastrophe et le médiatique taillage en pièces de l'animatrice dès ses premiers pas, ont vite fait régner une ambiance glaciale dans les coulisses du *Grand Journal*, au point qu'en interne, on affuble le plateau de l'émission du nom d'un vendeur de surgelés : « le magasin Picard ».

Le départ de Maïtena Biraben, un « effet de blast »

Engueulades, larmes à quelques secondes de prendre l'antenne, menaces de démission, voilà le quotidien du *Grand Journal* présenté par Maïtena Biraben. L'invocation de la sorcière de la com' Anne Hommel pour redresser le radeau n'aura servi à rien : c'était un exorcisme qu'il aurait fallu. À Canal+, où on a tout de même conservé un certain sens de la formule, on voit le départ de Maïtena Biraben comme « un effet de blast ». Qui la remplacera ? Victor Robert, jusqu'alors présentateur des infos dans ledit *Grand Journal*, est fortement pressenti[1].

Ali Baddou, lui, serait « poussé vers la sortie », affirme Puremedias. Il faut dire que son *Supplément* dominical n'avait plus de producteur depuis le départ du sien, Laurent Bon, vers TF1, dans les bagages de Yann Barthès. Et, à quelques jours de la fin de la saison, Baddou ne savait pas si l'émission serait reconduite, cryptée ou jetée à la poubelle. Le 22 mai dernier, titillé par Nadine Morano quant à ses largesses en matière de permis de conduire (le nom de l'animateur a été cité dans une histoire de faux permis), Ali Baddou a tout simplement failli déserter le plateau séance tenante et en direct.

C'est dire comme tout le monde perd ses nerfs dans les émissions en clair de Canal+, que Vincent Bolloré fait lambiner tant et plus. Un jour, tout passe en crypté ; le lendemain, tout est transféré sur D8. Aux dernières nouvelles, *La Nouvelle Édition*, diffusée chaque midi, sauverait sa tête en clair[2], de même que *Le Grand Journal* avec, peut-être, des plages cryptées. *Le Petit Journal*, lui, serait reconduit – Canal+ est propriétaire du concept – mais avec un nouveau producteur : Flab, filiale de la maison, qui commet déjà

1. Ce sera lui, ainsi que Canal+ l'a confirmé fin juin.

2. Finalement, *La Nouvelle Édition* a sauvé sa tête en clair mais sur… D8 !

Le Grand Journal version Biraben. Et qui pour remplacer Yann Barthès ? Tout en haut de la *short list*, selon nos informations : Cyrille Eldin, poussif comique des Quatre-Colonnes à l'Assemblée dans *Le Grand Journal*.

i-Télé perd un quart de ses effectifs

Ajoutons une rédaction d'i-Télé en feu à cette capilotade générale, et Bolloré pourra vraiment se féliciter d'avoir créé un merdier des plus velus. Ce jeudi 2 juin, la décision de mettre au vote une motion de défiance contre la direction de la chaîne info a été décidée à l'issue d'une réunion entre la société des journalistes (SDJ) d'i-Télé et Canal+.

La réunion, pour ne pas dire l'AG, qui rassemblait une centaine de personnes, a fait suite à une rencontre entre la SDJ d'un côté, et la direction de Canal+ de l'autre. Jean-Christophe Thiery, factotum de Vincent Bolloré, Serge Nedjar, le tout nouveau patron de la chaîne info, et Gérald-Brice Viret (on a dit qu'on ne se moquait pas du nom des gens), directeur général des antennes du groupe. Déjà, le passé de Nedjar, patron de *Direct Matin*, le gratuit de Bolloré dont la fonction se résume à vanter les réalisations maison, des Autolib au *Grand Journal* en passant par les artistes Universal, a fait un peu tousser la rédaction. Mais devant son projet pour i-Télé, là, les journalistes se sont étranglés.

D'abord, les réductions d'effectifs. 50 postes en moins pour la chaîne qui doit tailler dans les pigistes et les « CDD d'usage[1] ». Oui, c'est toujours mieux de taper dans les précaires. Surtout, ça permet de ne pas faire officiellement un plan social. Et Bolloré se targue de ne jamais faire de plan social. Mais 50 personnes de moins, c'est un quart des effectifs, a-t-il été rappelé lors de la réunion de la rédaction d'i-Télé. Surtout, au sein de la chaîne, ce sont des métiers entiers qui sont assurés par des CDD et CDDU (pour CDD d'usage), on en trouve aussi chez les reporters et même chez les présentateurs. Au 30 juin, zou ! Tout le monde dehors, a annoncé Nedjar lors de son arrivée, le 24 mai.

« Le 1er juillet, avec 50 personnes de moins, c'est simple : il n'y a plus d'antenne », a asséné lors de la réunion l'un des journalistes. De ce côté-là, le combat sera syndical[2] avec une lettre des organisations à l'inspection du travail pour tenter de faire requalifier en CDI les contrats précaires. Ce qui obligera Bolloré à faire un plan social, un vrai. Il aura donc encore menti. Zut.

Le projet éditorial enfin. Bon, éditorial, c'est vite dit. Car la grille d'i-Télé que les journalistes attendent depuis belle lurette ne devrait être annoncée que dans une quinzaine de jours. La possibilité d'un Morandini, dont le nom revient avec insistance depuis plusieurs mois ? « C'est un bon journaliste », a dit Gérald-Brice Viret, et c'est déjà

1. Le ministère du Travail écrit : « Pour certains emplois, par nature temporaires, il est d'usage constant de ne pas embaucher sous contrat à durée indéterminée. » Le Code du travail liste ces secteurs autorisés à recourir à ces contrats très souples, qui vont de l'hôtellerie à la réparation navale en passant par l'audiovisuel.

2. En plus de ce nouveau combat côté i-Télé, les syndicats de Canal+ ont déclenché la procédure du droit d'alerte, pour obtenir des réponses alors que Vincent Bolloré évoque une possible « faillite de Canal+ ».

un sacré scoop. En tout cas, on a déjà vu démenti plus formel. « C'est clairement dans les tuyaux », a commenté la SDJ devant la rédaction. Pour le reste, la direction a indiqué qu'elle serait à base de sport et de culture. Le sport, histoire d'exploiter jusqu'à l'os les droits détenus par Canal+. La culture ? Là, la direction a été encore plus floue. Mais en général, quand l'escouade Bolloré parle de culture, elle la prononce *Youniversaule*. C'est la fameuse intégration verticale, le journalisme total et idéal selon Bolloré : une chaîne info qui ne servirait qu'à vanter les productions du groupe.

En attendant, dans cette nouvelle grille, économies obligent, les tranches qui découpent la chaîne info devront être plus longues. D'accord, mais tout cela ne nous dit pas ce qu'on met dedans. C'est là qu'arrive le morceau de choix. La SDJ a expliqué devant la rédaction la grande idée exposée par Serge Nedjar : multiplier les programmes d'annonceurs ou encore programmes *billboardés*. Quel est cet animal étrange ? Ce sont des programmes payés par les marques qui mélangent joyeusement les genres entre pub et journalisme. En presse écrite, on appelle ça du publireportage ou encore du *brand content*. Vraies pubs maquillées en fausses émissions, le genre pullule, notamment sur BFMTV (que Nedjar a cité en exemple), mais il en existe déjà sur i-Télé, comme ce riant *Ambition d'entrepreneurs*.

Un double avantage pour un Serge Nedjar : remplir une grille à l'économie et, en plus, joie des joies, se faire payer par des annonceurs pour ça. Et qui ferait donc ces petits bijoux de journalisme ? Pas de réponse de Nedjar à la SDJ, qui redoute de voir la rédaction chargée de faire de la retape pour les annonceurs.

Mieux, a rapporté la SDJ aux journalistes, c'est le moment qu'a choisi Serge Nedjar pour lâcher : « Il faut que les mentalités changent. » Pile-poil au moment où la SDJ tentait de lui rappeler quelques fondamentaux comme la légère, ô trois fois rien, différence entre journalisme et publicité… Autant dire que l'ambiance s'est un rien tendue à ce moment-là, Nedjar assénant à la SDJ qu'avec leurs « combats d'arrière-garde », ils allaient « finir comme la presse écrite ».

C'est, en plus de naviguer à l'aveugle depuis des mois, ce volet-là qui pousse la SDJ à proposer une motion de défiance contre la direction. Elle sera mise au vote du 6 au 10 juin. Ce serait une première à i-Télé et le mouvement est d'importance. En fin de réunion, le président de la SDJ, Olivier Ravanello, a prévenu la rédaction : « Si la participation n'est pas forte et si la défiance n'est pas votée massivement, on est dans l'eau, c'est un fusil à un coup, la SDJ saute et ils feront ce qu'ils veulent. Prenez bien conscience de ça : on tire, faut pas rater notre coup. C'est notre arme nucléaire. Une motion de défiance, c'est pas une guillotine, c'est un taser. »

Ce n'est pas que *Les Jours* veuillent aider à la mobilisation de la rédaction d'i-Télé contre sa direction, mais Serge Nedjar a, par-dessus le marché, servi un gentil compliment à Olivier Ravanello : « Quand je vois des gens comme vous, ça me donne pas envie. » Car ainsi se comporte-t-on avec la valetaille dans l'empire de Vincent Bolloré.

Et BeIN ! Un direct dans la face

9 juin 2016

« L'information ne s'arrête jamais », comme on dit sur i-Télé. « En direct live », comme on disait sur un vieux Canal+ en voie d'extinction. Aujourd'hui, première mondiale de la presse des internets du futur de dans demain, *Les Jours* vous présentent : L'empire, l'épisode en direct. Oui, en direct, comme le font régulièrement les séries américaines pour marquer un de leurs moments cruciaux : cet article, sous vos yeux ébahis de lecteurs heureux (on espère), s'enrichira au fur et à mesure de la journée, décisive pour Canal+.

Ce jeudi, l'Autorité de la concurrence donne en effet son feu vert, orange ou rouge au deal entre Canal+ et BeIN Sports, et c'est la couleur de ce feu qui détermine depuis des mois la conduite de l'empire Bolloré. Ce jeudi aussi seront connus les résultats des élections internes de Canal+, celles où, sur la liste de la CGT, se présente l'équipe du *Zapping* que Bolloré veut occire. Côté vote, tiens, on vous en remet une louche ? Depuis lundi, la rédaction d'i-Télé met des bulletins dans une urne électronique pour décider si la direction de la chaîne info va se manger une motion de défiance dans les dents, après l'annonce de la suppression d'une cinquantaine de postes et la menace de devoir fournir des publi-reportages à l'antenne. Tout ça sur fond d'un flot de départs – plus ou moins volontaires – de Canal+ qui se succèdent à un rythme effréné après celui de Maïtena Biraben jeudi dernier. Un jour fou, une semaine folle, une année dingue pour Canal+.

Oui, on dramatise un peu mais bon. Toujours moins que Vincent Bolloré. Le saigneur et maître de Canal+ n'est certes pas connu pour faire dans la nuance, mais là. Pour obtenir l'aval de l'Autorité de la concurrence[1], il a chaussé ses bottes de béton, enfourché son tank et sorti les lance-roquettes. À côté, une vache dans un couloir serait d'une discrétion de violette. Par exemple ? Par exemple, Bolloré ne cesse de charger la barque de Canal+, agitant ses grosses pertes, étrangement grosses même. Allant jusqu'à parler de *« faillite »* de Canal+. Et puis Bolloré ajuste toute la stratégie de la chaîne cryptée à l'aune de l'Autorité de la concurrence. Il met ainsi sur le billot de Bruno Lasserre, son président, le sort de la chaîne d'info i-Télé – perd trop d'argent… –, les programmes en clair de Canal+ et les équipes qui vont avec – rapportent pas d'abonnés… –, voire le cinéma français dont Canal+ est le grand argentier – qu'ils y viennent avec leur exception culturelle. Pas sûr que les membres de l'Autorité de la concurrence apprécient d'être pris pour des jambons.

1. C'est une autorité administrative indépendante (comme le Conseil supérieur de l'audiovisuel) chargée de veiller au respect de la concurrence. L'autorité est composée de 17 membres dont son président nommé en 2004, Bruno Lasserre.

Antenne dans 3… 2… 1…

Et tout ça pour quoi ? Pour un accord avec BeIN Sports portant tout de même sur 1,5 à 2 milliards d'euros sur cinq ans. Une somme colossale pour un simple accord de distribution mais un accord d'exclusivité qui permettrait à Canal+ de se refaire la cerise sur les droits sportifs que lui a subtilisés la chaîne qatarie au fil des années. Une manière, finalement, d'assécher[1] la concurrence.

Et la concurrence, c'est justement ce qu'observe à la loupe l'Autorité et ce qu'elle a vu est un peu gros. Depuis quelques jours déjà, la fumée en provenance de la rue de l'Échelle où siège l'Autorité ne sent pas bon pour Vincent Bolloré. L'aval pourrait être assorti de conditions telles qu'elles rendraient le deal caduc. Alors, prêts pour l'épisode de *L'empire* en direct ? Antenne dans 3… 2… 1…

7 h 30 : villa Montmorency

Le maître des lieux a déjà quitté la villa Montmorency, véritable réserve à millionnaires implantée en plein Paris, dans le XVIe arrondissement, où il niche : Vincent Bolloré est un lève-tôt. Son horoscope dans *Direct Matin*, sa feuille

1. Enfin, faut voir. Même un accord avec BeIN Sports ne prémunirait pas Bolloré de ses rivaux : ainsi, fin 2015, le nouveau grand mamamouchi des médias Patrick Drahi a raflé à Canal+ les droits télé du foot anglais.

de chou gratuite en forme de plaquette publicitaire pour l'ensemble du groupe, est sibyllin : « Sortez votre carnet d'adresses. Il y a du mouvement dans l'air ! »

9 h 02 : Canal+ et BeIN Sports déjà mariés ?

Allons bon. Voici que fleurit sur internet une « vente flash » proposant déjà une offre commune Canal+-BeIN Sports. 30 euros par mois au lieu de 53 – 40 pour Canal+ et 13 pour BeIN Sports – et ce, pendant deux ans ! Vincent Bolloré aurait-il décidé de s'asseoir sur la décision de l'Autorité de la concurrence ? Non, ce type de mariage commercial est possible, du moment qu'il n'est pas exclusif. Interrogé par *Les Jours*, Canal+ explique que cette offre n'est pas nouvelle, qu'elle a simplement refait surface à l'occasion de l'Euro. Pense-bête : poser tout de même la question à l'Autorité de la concurrence lors de la conférence de presse prévue à 14 heures 30.

10 h 57 : 22 souvenirs de Canal+

Hier, mercredi, à 22 jours de son départ (volontaire, cette fois) du groupe, Manuel Alduy, directeur des contenus web, a entamé sur son blog un compte à rebours en forme de « Je me souviens de Canal+ ». Aujourd'hui : 1995.

11 h 22 : selon *L'Opinion*, c'est non

Eh bien voilà. Selon *L'Opinion*, c'est plié et c'est un non à l'accord entre Canal+ et BeIN Sports. Une grosse claque pour Vincent Bolloré et une semi-surprise, si cette information est confirmée par l'Autorité de la concurrence cet après-midi. Semi-surprise car les infos qui circulaient depuis quelques jours faisaient état d'un oui de l'Autorité mais assorti de conditions telles que l'accord n'avait plus aucun intérêt pour Canal+. Ce qui revient au même, mais confirme que l'Autorité de la concurrence n'a pas tellement apprécié le lobbying tout en finesse de Vincent Bolloré. Aucune réaction du côté de Canal+, Vincent Bolloré n'est pas sur place.

13 h 18 : ceux qui partent, ceux qui ne veulent pas venir

Les partants du groupe Canal+, c'est une catégorie qu'on commence à bien maîtriser depuis que Vincent Bolloré a pris le pouvoir. Prenez votre souffle : les auteurs des *Guignols*, la moitié de la direction, l'animateur Thomas Thouroude, le journaliste sportif Grégoire Margotton, Yann Barthès, Bruce Toussaint (la matinale d'i-Télé). Plus, la semaine dernière, les départs pas très volontaires de Maïtena Biraben (future ex-*Le Grand Journal*) et d'Ali Baddou (qui pilotait, las, sans permis, *Le Supplément*). Depuis, Laurent Bazin a annoncé son départ d'i-Télé tandis que, côté sports, les consultants Christophe Dugarry et Guy Roux ont pris l'un des derniers canots de sauvetage. Voilà désormais la catégorie de ceux qui partent avant d'être arrivés. Pressentie pour remplacer Maïtena Biraben, Anne-Élisabeth Lemoine (joker d'Anne-Sophie Lapix dans *C à vous* sur France 5, oui, on a le recrutement pointu sur Canal+) a refusé *Le Grand Journal*, vient d'annoncer le magazine *GQ*. Si tu veux, Vincent, on a le 06 de Bernard Montiel.

15 heures : c'est non

Non, non, non. Cette fois c'est officiel, l'Autorité de la concurrence refuse l'accord entre Canal+ et BeIN Sports, estimant que « les conditions ne sont pas remplies pour lever l'interdiction de distribution exclusive de chaîne sportive premium qui pèse sur Canal+ ». Cette interdiction est en vigueur depuis 2012, et l'absorption du bouquet TPS par CanalSat. Et il fallait que Canal+ fasse la preuve que le marché avait évolué pour qu'elle soit levée. Canal+ avait donc plaidé qu'avec l'arrivée des Netflix et autre acteurs du numérique, tels SFR ou Free, la situation n'était en rien comparable, houlala non. Raté.

Et si on en croit les déclarations de Bruno Lasserre, le président de l'Autorité, lors de la conférence de presse, il n'a pas trop apprécié que Vincent Bolloré agite une fermeture de Canal+ en cas de refus. Calme, souriant, Lasserre s'est fait un plaisir de souligner que « Canal est rentable et largement rentable » et d'en rajouter une venimeuse couche : « Je ne peux pas imaginer qu'il n'y ait pas un plan B. » Voilà, voilà.

Canal+ s'est pour l'instant contenté de réagir par un communiqué des plus *priceless* : « Le groupe Canal prend acte de la décision de l'Autorité de la concurrence de ne pas autoriser la distribution exclusive des chaînes BeIN Sports au sein des offres du groupe Canal. Le groupe devra donc travailler sur d'autres solutions pour faire cesser les pertes des chaînes françaises Canal+. »

17 h 25 : la révolte des jambons

D'abord, voilà un charmant endroit que l'Autorité de la concurrence : situé dans les beaux quartiers de Paris (entre Louvre et Opéra), de la belle pierre, la clim, de beaux costumes en tissu léger et un président, Bruno Lasserre, d'une parfaite urbanité. Dans le dossier de presse d'une mocheté accomplie (d'incompréhensibles billes en photo et en gros plan), une feuille tente de retenir l'information (en rouge : « Embargo strict jusqu'à 15 h 30 »). En vain. Mais l'assemblée de journalistes n'est pas là pour le scoop, déjà largement éventé ; elle veut des explications. Derrière le sourire dont Lasserre ne se départit jamais, on sent bien qu'il n'a pas super apprécié de se faire prendre pour un jambon par Vincent Bolloré, multipliant les petites fusées à son attention. Le chantage à la faillite exercé par Bolloré ? « Nous n'y croyons pas beaucoup, cet accord n'était pas la planche de salut qu'on annonçait. » L'accord entre Canal+ et BeIN Sports ? « Nous n'avons jamais eu de texte ficelé devant nous. » Un accord d'exclusivité ? « Ç'aurait été de la vente forcée. » La demande de Canal+ de lever l'interdiction de distribuer une chaîne premium telle BeIN Sports ? « La question est mal posée, acrobatique. » Et d'ailleurs un tel accord aurait vu la paire autrefois rivale contrôler 80 % des droits sportifs majeurs, explique Lasserre, avec un fort risque de « collusion dans l'achat des droits ». En clair, Canal+ et BeIN Sports, une fois acoquinées, se seraient entendues et tranquillou réparti les droits télé du sport en fixant elles-mêmes les tarifs. La manœuvre s'est un peu vue…

17 h 58 : après la descente de l'inspection du travail

À i-Télé, tandis que les bulletins de pixels continuent de tomber dans l'urne électronique en vue de la motion de défiance contre la direction dont le résultat sera connu demain soir, on en apprend de belles. Mardi 7 juin, l'inspection du travail a fait une descente au sein de la chaîne info à la demande des syndicats. Et ce pour un rappel à la loi. Dans le viseur : la cinquantaine de CDD et CDDU dont le nouveau patron Serge Nedjar a indiqué qu'ils ne seraient pas renouvelés fin juin. Problème, ce genre de contrat qui fait florès dans l'audiovisuel parce qu'il dure le temps d'une grille de programmes, c'est-à-dire généralement une saison, ne colle pas avec une chaîne info qui n'a pas à proprement parler de grille. Ce qui signifie une requalification en CDI, et donc un plan social si Nedjar veut supprimer ces 50 postes. Souci :

Vincent Bolloré se targue de ne jamais avoir fait et de ne jamais faire de plan social. Ce qui en ferait un menteur. Zut, zut, zut.

18 h 42 : Ardisson, le bollo-employé de l'année

Nous avons beau le lire et le relire mais non : aucune autopromo dans *Direct Matin*, le quotidien gratuit de Bolloré qui s'est pourtant spécialisé dans la retape de toutes les activités maison.

Celui qui ne tord pas le nez sur le genre, c'est Thierry Ardisson, titulaire de *Salut les Terriens* le samedi soir sur Canal+ et qui hérite à la rentrée d'un *prime time* sur D8, *Zéro limite*. Zéro limite, donc : Thierry Ardisson s'est livré samedi 4 juin à un numéro d'intégration verticale des plus rares. Il a tranquillou bilou diffusé la bande-annonce du dispositif de l'Euro sur i-Télé *starring* Pascal Praud et Pierre Ménès. Cohérence de groupe, on retrouve ce clip sur le site de *Direct Matin*. Et le lundi suivant, le même gratuit consacrait une pleine page à la couverture de l'Euro par i-Télé. C'est beau non ?

Mais Ardisson s'est montré plus vertical encore en invitant, aux côtés d'autres personnalités aussi intéressantes que Robert Ménard, Laura Domenge. Vous ne connaissez pas Laura Domenge ? Nous non plus, elle est peut-être très bien, la pauvre. Ce qu'on sait, c'est que celle que Thierry Ardisson a présentée samedi soir comme « la révélation humoristique de l'année » vient de Vivendi Talents, la boîte à rires et chansons de Vincent Bolloré chargée de trouver, donc, des talents. Et cette Laura Domenge, son mentor breton tente de la caser partout où il peut dans le groupe. Réussi avec Ardisson et, surréaliste, le quart d'heure qui bat le record du monde de placement de produits Vivendi. Les débuts de Laura Domenge ? C'est grâce à « Christelle Graillot, chasseuse de talents chez Canal+ ». Direction ensuite Vivendi Talents et là, s'extasie Ardisson, « vous avez dix jours pour préparer votre spectacle à l'Olympia ». Propriété de Vivendi depuis 2 001. « La veille du spectacle, poursuit Ardisson, vous signez avec Vincent Bolloré, donc vous entrez au Bolloré Comedy Club. » Oui, Ardisson a de bons auteurs qui lui écrivent chacune de ses répliques. « Il est sympa Vincent Bolloré ? » demande ingénument Ardisson. On serait Laura Domenge, on aurait répondu « T'es bien placé pour le savoir, dugenou. » Mais elle s'est contentée d'un sobre : « Avec moi, très. » Et Ardisson d'insister : « Vous lui avez fait un bisou ? Il est bisou ? C'est bon à savoir, il est bisou. » En tout cas, le spectacle a bien plu au patron de Vivendi, comme le souligne cocassement Ardisson : « Vincent Bolloré, qui ne plie jamais, était plié de rire. » Ha. Ha. Bref, conclut l'animateur à l'adresse de la comique choyée : « Ne vous étonnez pas qu'en sortant du plateau, les assistants jettent des pétales de rose à vos pieds. » On serait tenté de dire : c'est déjà fait.

20 h 45 : Bolloré pris par les urnes

Les emmerdes, ça vole en escadrille. Toujours. Après l'échec auprès de l'Autorité de la concurrence, Vincent

Bolloré ne devrait pas voir d'un très bon œil le résultat des élections professionnelles à Canal+ qui vient tout juste de tomber. Ce scrutin est marqué par l'apparition de candidats bien particuliers : Patrick Menais, patron du *Zapping*, et quatre membres de son équipe, se sont présentés sur la liste de la CGT. Une manière de se protéger – six mois durant, les candidats à des élections professionnelles sont difficilement virables – alors que Menais et son équipe, qui n'épargnent jamais l'empire Bolloré dans *Le Zapping*, sont plus que dans le collimateur.

Eh bien, la CGT, qui s'agite beaucoup contre Bolloré, fait un bond en avant, passant de la quatrième à la deuxième place des syndicats de Canal+. Ainsi, le journaliste Jean-Baptiste Rivoire, qui a dénoncé la censure à Canal+, est élu. À la première place, +Libres, le syndicat autonome, né de la crise de 2002 à Canal+ (qui avait vu Jean-Marie Messier virer Pierre Lescure), conforte sa position. La CFDT grimpe à la troisième place tandis que les cadres de la CGC, pas spécialement acides à l'endroit de Vincent Bolloré, rétrogradent sérieusement.

Mais dites, on se demande un truc à l'issue de cette folle journée : il porterait pas la poisse, ce Bolloré ?

Bonus, vendredi 10 juin, 18 h 40 :
la défiance massivement votée à i-Télé

« L'information ne s'arrête jamais », comme on dit sur i-Télé, écrivions-nous hier au tout début de cet article évolutif. La preuve, nous revoilà avec ce bonus : la rédaction d'i-Télé, elle, s'est arrêtée pour filer l'ultime bourre-pif de la semaine à Bolloré. La chaîne info vient de voter une motion de défiance contre sa direction, à savoir Serge Nedjar, le tout nouveau patron, Virginie Chomicki, préposée aux synergies, et Guillaume Zeller, pseudo-directeur de la rédaction. La question formulée par la Société des journalistes était la suivante : « Faites-vous confiance à la direction d'iTélé pour maintenir la chaîne sur la voie d'une information de qualité et indépendante ? » La réponse est claire et nette : non, à 89,5 %. 168 journalistes ont voté non, cinq ont voté oui, quinze ne se sont pas prononcés.

Mais à travers cette motion de défiance, c'est bien sûr Vincent Bolloré qui est visé – et touché – pour l'ensemble de son œuvre à i-Télé : sa décapitation collective de la précédente direction, ses promesses non tenues, sa gestion calamiteuse de la chaîne info. Sa dernière facétie, nommer Serge Nedjar également patron du gratuit *Direct Matin* à la tête d'i-Télé, a été peu goûtée par la rédaction.

Devant la SDJ, Serge Nedjar a menacé les journalistes de les forcer à fabriquer des programmes d'annonceurs. « Il n'y aura rien à discuter parce que vous ferez ce qu'on vous dit de faire », a ainsi déclaré le charmant nouveau patron. Ce vendredi, la quasi-totalité – à l'exception notable d'Audrey Pulvar qui considérait la motion de défiance comme un levier trop puissant – de la rédaction d'i-Télé lui a répondu que si, il allait falloir discuter.

Discuter, et précisément discuter « des principes élémentaires d'indépendance », c'est ce qu'exige la SDJ d'i-Télé dans un communiqué publié vendredi soir. « Il faut à présent que cette direction s'engage clairement sur ces principes et trouver un “modus vivendi” », écrivent les journalistes.

« Elle doit délimiter clairement les domaines de l'information et de la publicité et s'engager à ne pas solliciter les journalistes pour des contenus sur lesquels ils ne pourraient exercer leur libre arbitre professionnel. »

Canal + y est aussitôt allé de son propre communiqué, indiquant avoir « bien noté la motion de défiance » mais s'asseyant immédiatement dessus, puisque le groupe « réaffirme son soutien à la direction de la chaîne ». Canal+ en profite pour en rajouter une couche sur la « dégradation continue de la situation financière » d'i-Télé, « avec des pertes pour l'année 2015 proches de 25 millions ». Des chiffres noircis, puisqu'il faut leur soustraire quelque 10 millions d'euros qui correspondent aux JT qu'i-Télé fournit à Canal+ et D8 et sont facturés. Quelque chose nous dit que, dans les prochaines semaines, il n'y a pas que dans les stades qu'il va y avoir du sport.

i-Télé, la chaîne en feu continu

21 juin 2016

« C'est un carnage. » Ainsi un journaliste d'i-Télé résumait-il la situation de la chaîne info de Canal+ ce mardi soir. Au sortir du comité d'entreprise (CE) consacré à i-Télé, un élu du personnel renchérissait, la voix nouée par l'amertume : « Si le plan annoncé se met en place, avec les suppressions de postes, avec l'arrivée de Jean-Marc Morandini, est-ce que cette chaîne existe encore ? »

Au menu de ce comité d'entreprise qui démarre à 15 heures ce mardi, i-Télé, donc. Mais sans son patron, Serge Nedjar. La direction de Canal+, représentée par Jean-Christophe Thiery, l'un des factotums de Vincent Bolloré, confirme le sabrage des CDD et CDDU de la chaîne info. En tout, une cinquantaine de personnes. Une confirmation, parce que lors de son arrivée à i-Télé le 24 mai dernier, le nouveau patron Serge Nedjar avait déjà vendu la mèche. Sauf qu'il avait alors promis que ce serait du « cas par cas ». Les cas ont donc tous été les mêmes : direction la sortie. Au pire dès le 30 juin et les mieux lotis partiront à la mi-juillet, histoire de tenir jusqu'à la grille d'été qui doit démarrer le 18 juillet. À i-Télé, la rédaction est catastrophée : il y a des journalistes police-justice ou économie qui partent dans la charrette, des présentateurs aussi.

Mais surtout, il y a un métier entier qui disparaît, celui d'assistant d'édition. Sur les 17 postes que compte i-Télé, c'est bien simple, il n'en reste qu'un. Or les assistants d'édition, comme le décrit un journaliste de la chaîne info, « c'est le cœur du réacteur », ce sont eux qui montent les images et les sons qui passent à l'antenne, parfois à toute berzingue, pour réagir très vite au direct. « Sans eux, une chaîne info ne peut pas marcher, explique un salarié. C'est dire le niveau de méconnaissance et de rien à foutre de la direction. »

Ce mardi soir, au siège d'i-Télé, dans une ambiance « électrique et désabusée » selon un témoin, Serge Nedjar a été sommé de s'expliquer devant la rédaction. « Il a fait des claquettes pendant une heure et demie » selon le même témoin. Clac, clac, « il y aura des discussions individuelles » avec les virés, a-t-il tenté. Clac, clac, « je tiens un discours de vérité » : celui d'une chaîne qui perd de l'argent, 25 à 26 millions d'euros, selon Nedjar. Des pertes noircies par la direction, qui omet par exemple ce que doit Canal+ à i-Télé pour la fourniture de ses JT. Et qui pour remplacer ces CDD et CDDU cruciaux ? Des reclassements de gens du groupe Vivendi à i-Télé, a hasardé Nedjar. Clac, clac.

Depuis le vote massif de la motion de défiance, la rédaction n'avait plus de nouvelles de la direction, cloîtrée dans ses bureaux. En revanche, il y a eu tentative de coller du publi-reportage à l'antenne. Il s'agit de programmes courts conçus par EDF où le consultant de Canal+ Laurent Paganelli – bonjour le mélange des genres… – interviewe des membres de l'équipe de France de foot qui devaient être diffusés dans l'émission quotidienne spéciale Euro. Refus de l'équipe, les publi-reportages ont été remisés sur le compte Twitter de l'émission et, sous pression de l'équipe en charge des réseaux sociaux, accompagnés de la mention CONTENU SPONSORISÉ. À noter que, sur le compte Twitter du *Canal Football Club*, le rendez-vous dominical de ballon de Canal+, les mêmes vidéos d'EDF apparaissent sans que soit mentionné leur caractère publicitaire…

Mardi, le comité d'entreprise n'est pas allé à son terme. La direction a réussi à faire l'unanimité syndicale contre elle et les élus ont suspendu le CE, s'estimant insuffisamment informés. Des chiffres toujours sujets à caution, aucune réorganisation de l'emploi prévue… « Un niveau d'impréparation tel, raconte un représentant du personnel, je n'avais jamais vu ça dans le groupe. » Ainsi Jean-Christophe Thiery ne détaille pas la grille estivale d'i-Télé conçue par Serge Nedjar et Guillaume Zeller. Il l'a retoquée : « Trop onéreuse. » Et refuse de confirmer les noms qui tournent en boucle depuis des jours, « les incarnations » comme on dit dans le langage fleuri de la télévision : Jean-Marc Morandini à 18 heures, Laurence Ferrari à 19 heures, Pascal Praud à 20 heures. *Stay tuned.*

Pas de noms : des coupes. Dans les équipes donc, où les suppressions pourraient même aller jusqu'à 70 postes, un tiers de l'effectif total. Dans les horaires aussi : i-Télé ouvrirait désormais son antenne à 6 heures du matin, contre 5 jusqu'à présent, pour la refermer à minuit. Entre les deux, des JT en boucle. Et dans l'info du groupe en général : les JT diffusés sur Canal+ conçus par i-Télé sont supprimés et ceux de D8, également fabriqués par la chaîne info, amaigris. Non pas que

Vincent Bolloré veuille préserver un chouille de journalisme sur la chaîne de Cyril Hanouna, non : D8 est tenue par sa convention avec le Conseil supérieur de l'audiovisuel (CSA), stipulant qu'elle « diffuse quotidiennement des journaux ou des flashs d'information ». Mais pas Canal+.

Un syndicaliste n'en peut plus : « Depuis que Vincent Bolloré est arrivé, je ne sais pas, je ne comprends pas ce qu'il veut faire, il y a un mépris revanchard de sa part à l'endroit de Canal+ et un sentiment d'injustice de la part du personnel. » En septembre, Vincent Bolloré s'était rendu en personne à i-Télé pour expliquer sa stratégie pour la chaîne info. Un journaliste se souvient avec amertume que Bolloré avait dit qu'il y avait deux façons de gérer une entreprise : soit faire des économies, mais que ce n'était pas sa manière de faire ; soit d'investir. C'est ce qu'il avait alors promis. Ce même jour, Bolloré s'était aussi targué de n'avoir jamais fait de plan social en 35 ans. Neuf mois plus tard, pour ce même journaliste, ce que vit i-Télé, c'est tout simplement « un plan social déguisé ».

Ces promesses et ce qu'il en est advenu feront un parfait sujet de conversation, parmi tant d'autres, ce mercredi 21 juin, à 9 heures 30. Vincent Bolloré est en effet entendu au Sénat, par la Commission de la culture, de l'éducation et de la communication. Un rendez-vous demandé depuis presque un an. Au sein du groupe, on n'en loupera pas une miette, tant à i-Télé qu'à Canal+ où un syndicaliste qui a connu les belles heures des marionnettes de latex confiait mardi soir aux *Jours* à propos de sa direction : « Je n'aime pas employer ce mot-là qui est noble pour moi, mais on a affaire à des guignols. »

Un « Nouveau Canal » à la conf

27 juin 2016

« La direction du Groupe Canal, Dailymotion, Universal Music, Vivendi, Vivendi Village serait heureuse de vous accueillir sur les terrasses de l'immeuble Vivendi pour présenter le nouveau Canal autour d'un buffet. » L'invitation oublie quelqu'un : la direction du Groupe Canal, Dailygnagnagnagnagnagna et… Cyril Hanouna. Car il est comme chez lui, au septième étage du siège parisien de Vivendi que seul l'Arc de Triomphe dépasse d'une épaule. Debout quand toute l'assistance est assise, Cyril Hanouna embrasse, serre la louche, on se téléphone, juré je t'appelle, on se voit vite mon chéri. C'est comme ça, la télé, on devrait s'y faire à force mais là, c'est une débauche de baisers. Cyril Hanouna tombe dans les bras du patron de Vivendi, Arnaud de Puyfontaine, pour une accolade appuyée, ça claque de la bise de partout. Vincent Bolloré s'assoit – précédé de « Aaah » d'aise ou de frousse, on ne sait pas trop – et embrasse sa voisine de gauche, Audrey Pulvar ; Jean-Marc Morandini pose-t-il ses fesses à sa droite qu'il a lui aussi droit à ses deux bisous du même Bolloré. Que d'amour.

Sauf qu'en guise de terrasse promise avec vue sur l'Arc

de Triomphe, vu le temps gris et pluvieux, l'assemblée est cantonnée dans ce qui sert de salle à manger à Vivendi. Murs tout de bois recouverts donnant l'impression d'être dans un paquebot, pluie molle et tiède coulant sur les vitres, et le premier qui parle de *Titanic* sera condamné à aller à un concert des Rolling Stones avec Vincent Bolloré. Oui, car les Rolling Stones, comme nous en informe un petit clip d'entreprise qui nous beugle dans les oreilles, c'est Universal, donc Vivendi ; Canal+, c'est Vivendi ; Dailymotion, c'est Vivendi ; même i-Télé qui vient de se mettre en grève contre la suppression d'un quart de ses effectifs, c'est Vivendi. Et c'est bien le but de ce raout à l'occasion duquel, comme Vincent Bolloré le souligne, « pour la première fois, Canal reçoit chez Vivendi » : « Montrer que c'est un groupe uni. » Dans le petit film, ça donne : *« We are people »*, *« We are smart »*, *« We are Canal+ »*, *« We are Vivendi talents »*. Si on parvient à s'asseoir sur le petit côté « *We are the world* », c'est vraiment très beau.

Mais doucement, un coup d'œil à l'assistance d'abord. Un bon moyen de savoir, avant l'heure, qui sera de ce « nouveau Canal ». Cyril Hanouna, Augustin Trapenard, Daphné Bürki, Daphné Roulier, Audrey Pulvar, Antoine de Caunes, Cyrille Eldin, Laurence Ferrari (la « Savoyarde préférée » d'Arnaud de Puyfontaine, ce doit être un compliment)… Ah tiens, Alex Lutz et Bruno Sanches : Catherine et Liliane ne sont donc pas parties avec Yann Barthès. Ah tiens, Jamel Debbouze venu jouer le fou du roi[1] Bolloré.

1. Après le speech d'Arnaud de Puyfontaine, Jamel Debbouze y est allé de sa vanne : « Je serais Vincent Bolloré, je vous augmenterais. »

Ah tiens, Jean-Marc Morandini. Dans un coin, l'ancien d'*Action discrète* – l'ex-caméra cachée locale qui revient à la rentrée – Sébastien Thoen, que des mauvaises langues disent aujourd'hui relégué à la présentation du *Journal du hard*, fait bruyamment la claque. Comme il le fait, nous diront les habitués de ce genre de sauteries, à chaque conf de presse de Canal+. Il y a ceux qui surjouent la bonne humeur, il y a ceux qui croisent les bras, l'air dubitatif, il y a ceux qui tirent des gueules de plusieurs kilomètres. Et, non, ne comptez pas sur nous pour donner des noms, on ne veut pas être responsables de la prochaine décapitation collective bolloréenne à Canal+.

Car cette conf-là est bien particulière. Il y a un an presque pile, Vincent Bolloré sortait sa grande hache et entamait un sérieux ménage à Canal+. Et l'entrain forcené qui anime un an plus tard cette présentation du « nouveau Canal » montre sinon qu'il a réussi, du moins qu'il tient toujours sa grande hache à portée de main. Trois parlottes en amuse-bouche. Bolloré et son « groupe uni » donc. Arnaud de Puyfontaine se fait ensuite l'écho du patron – ça semble être sa fonction principale à Vivendi : « Vivendi Canal+, c'est de plus en plus la même chose. » Et Maxime Saada, numéro 2 du groupe, en troisième couche : « Canal+ est au bout d'un modèle. » On vous traduit ou vous avez compris ? « On

---

Corpo mais quand même pas trop : quand Maxime Saada, le numéro 2 du groupe, a dit « Ce que les gens ne savent pas, c'est que le public de Cyril [Hanouna] est très CSP+ en réalité », Debbouze a ponctué cette sortie d'un énorme éclat de rire. Depuis, Vincent Bolloré et Canal+ ont racheté plusieurs sociétés de Jamel Debbouze.

va essayer de vous emballer les ruines laissées par un an de gestion à la Bolloré dans une stratégie de groupe, et on va appeler ça le “nouveau Canal”. Bisous. »

Et ce « nouveau Canal », c'est Gérald-Brice Viret, le nouvel homme des programmes du groupe, qui s'y colle. Vu qu'il a mis à l'antenne *Les Anges de la téléréalité* sur NRJ12, nous avons affaire à un expert. Alors accrochez-vous, il n'y a plus de Canal+, il y a « la galaxie Canal ». Arrêtez de penser petit. Moins de clair sur Canal+ – deux heures par jour contre quatre aujourd'hui – pour « remettre de la valeur dans l'abonnement ». Mais le clair sera dans le reste de la galaxie : « Le clair de Canal à la rentrée, énonce notre nouvel ami Gérald-Brice Viret, dont on rappelle que ce n'est pas gentil de se moquer du nom, ce sont nos trois chaînes gratuites, Canal8, CanalStar et CanalNews. » Soit, dans l'ordre, celles qu'on connaît aujourd'hui sous le nom de D8, D17 et i-Télé. « C'est le clair de demain ! », prophétise le mage Gérald-Brice.

Voilà l'idée : les téléspectateurs vont regarder *La Nouvelle Édition* de Daphné Bürki ou *Salut les Terriens* de Thierry Ardisson expatriés sur Canal8 (qualifiée au passage de « grande chaîne de l'optimisme »), ou alors l'émission politique hebdo de Laurence Ferrari ou bien la culturelle d'Audrey Pulvar, toujours sur cette même Canal8, et ils vont être pris d'une irrépressible envie de s'abonner à Canal+. Y en a qui ont dû saigner du nez au service marketing après un tel brainstorming. Tout comme ceux qui bossent sur la stratégie du clair et du crypté, à Canal+. Car figurez-vous que, dans les tuyaux, traîne cette idée de pur génie : non pas mettre le début d'une émission en clair pour la poursuivre en crypté, trop vieux Canal, ça.

Mais d'abord en crypté et ensuite en clair. Franchement, c'est la meilleure blague de Canal+ depuis des années. On est sincères.

Dans ces deux heures de clair quotidiennes, on aura du sport à midi – présenté par Aïda Touihri, venue de France 2. Et le soir ? Le soir, *Le Grand Journal* (présenté par Victor Robert), et *Le Petit Journal* (présenté par Cyrille Eldin), *Les Guignols* tandis qu'Alex Lutz et Bruno Sanches seront de retour avec un Catherine et Liliane « dans un cadre plus grand ». Dans le reste de la grille, Jamel Debbouze fournira un *Jamel Comedy Kids* (« Un peu comme l'école des vannes », a-t-il précisé), et *Groland* sera à moitié crypté. Pas de précision quant à l'emplacement des différentes émissions : « C'est du bonneteau », a expliqué ce grand professionnel de Gérald-Brice. À ce moment-là, il a ajouté : « J'ai oublié quelque chose ? C'est… ? C'est… ? » Bon là, il faut vous avouer que vos serviteurs ont crié : « LE ZAPPING ! » Mais non, c'est *Le Gros Journal*, que présentera Mouloud Achour.

Car *Le Zapping*, on pouvait s'en douter, c'est fini. « Nous avons souhaité l'arrêter, hasarde Viret, dans toutes les chaînes où je suis passé, il y en avait un, ça n'a plus de sens. » Ah d'accord. Un argument tellement super qu'il le ressert pour confirmer la fin des documentaires d'investigation sur Canal+ : « L'investigation, vous en avez sur toutes les chaînes, on n'est plus les pionniers. » Rien, mais alors là, absolument rien à voir avec ce documentaire sur le Crédit mutuel programmé dans *Spécial investigation* censuré par Bolloré au printemps 2015.

D'ailleurs, il n'a rien censuré du tout, Bolloré, répète-t-il lors de cette épique conf de presse. Alors certes, explique-t-il, il a bien reçu un appel de Michel Lucas, le patron du Crédit mutuel, comme il reçoit aussi « des appels d'Emmaüs ». Mais non, il n'a pas censuré. « Je ne saurais pas comment faire », dit-il avant d'ajouter, matois : « En tout cas à cette époque-là. » Il est marrant finalement, Bolloré. Plus, en tout cas, que Maxime Saada qui, comme la semaine dernière devant le Sénat, a ressorti une laborieuse histoire de documentaire qui avait pris du retard, docu qu'il avait finalement décidé de ne pas diffuser parce que toutes les infos étaient sorties ailleurs. Vous allez voir que la prochaine fois, ils vont nous sortir que le documentaire sur le Crédit mutuel a été enlevé par des extraterrestres.

La fin de l'investigation, ça, c'est fait. Mais ne cherchez pas l'info tout court à la rentrée sur Canal+, il n'y en aura plus. La chaîne n'y est certes pas tenue par le Conseil supérieur de l'audiovisuel (CSA) mais tout de même. « L'information sera sur Cnews », explique doctement Gérald-Brice Viret, avec notamment l'arrivée d'« un journaliste de renom », Jean-Marc Morandini. Que nous avons surpris hier en pleine investigation photographiant au péril de sa vie l'écran de présentation des nouveaux logos des chaînes Canal. Ce qui est sûr, c'est qu'à ce moment précis, l'information n'était pas non plus sur i-Télé (pardon, nous sommes un peu *old style*) puisque les équipes venaient de voter la grève. Et ce, après la confirmation en comité d'entreprise la semaine dernière de la suppression de 70 postes dont 53 CDD et CDDU.

Une première en 17 ans d'i-Télé : la grève

C'est une première en 17 ans d'i-Télé, qui vient après une autre première, celle d'une motion de défiance votée à 89,5 % contre la direction de la chaîne info. Motion de défiance qui a été totalement ignorée par ladite direction. Zéro réaction. Rien. Walou. C'est ça, en plus des suppressions de postes, de la menace d'obliger les journalistes à produire des publi-reportages, de l'arrivée de Jean-Marc Morandini, le tout dans une chaîne laissée à vau-l'eau depuis des mois, qui a conduit à la grève. À la résolution votée qui demande le maintien des emplois et des moyens, Canal+ s'est contenté de répondre par un sec communiqué indiquant qu'« une cinquantaine de salariés d'i-Télé sur près de 220 au total a voté une grève, sans attendre la réunion de conciliation acceptée par la majorité des partenaires sociaux ». Bouh les vilains. En fait, la grève a été votée ce lundi 27 juin au matin par une cinquantaine de voix sur 80 salariés présents, et elle a été reconduite en fin d'après-midi par 73 voix sur 118 votants. Prochaine étape, un comité d'entreprise d'i-Télé ce mardi après-midi au cours duquel doivent être présentés tous les documents détaillant la grille de rentrée d'i-Télé et les moyens.

En attendant, tandis que le « nouveau Canal » faisait son numéro de claquettes, i-Télé passait en boucle JT périmés, chronique santé sur les méfaits du café… Le tout sans aucune mention de la grève, la direction ayant refusé de diffuser un bandeau informant les téléspectateurs, dont l'inscription avait pourtant été votée en assemblée générale.

Détail piquant, dans cette boucle de programmes figurait l'émission *D'un monde à l'autre*, qui est supprimée à la rentrée.

Bon, avec tout ça, on s'aperçoit que, manquant à tous nos devoirs, nous ne vous avons même pas parlé du buffet de ce « nouveau Canal ». Il y avait des bagels au saumon, des genres de feuilletés, et aussi de la glace à la moutarde. Celle qui monte au nez.

i-Télé a une grève nouvelle à annoncer

29 juin 2016

Il fallait bien qu'un jour, dans une obsession baptisée L'empire, une alliance rebelle se forme et contre-attaque. C'est i-Télé, en grève depuis le lundi 28 juin et qui, ce mercredi soir et pour son quatrième jour, a reconduit le mouvement jusqu'à jeudi 11 heures. Et c'était ce mercredi encore, vers 13 heures, devant le siège de Canal+ à Boulogne. Sur le parvis dominé par les immeubles de verre où la direction du groupe a ses bureaux, une assemblée générale d'une centaine de salariés de Canal+ a elle aussi voté la grève – 60 pour, 4 abstentions et zéro contre (oui, ça ne fait pas 100, tous n'ont pas osé prendre part au scrutin) –, rejoignant la petite sœur i-Télé. Un journaliste de la chaîne info, les yeux masqués derrière des lunettes miroir mais la voix émue, lance : « On vous aime ! » Et l'AG répond : « Nous aussi ! » Tous s'applaudissent.

Alors certes, dans un groupe qui compte 7 000 personnes, cette grève risque de passer inaperçue[1]. Mais ici, ce n'est

1. À 17 heures, Canal+ a publié le communiqué suivant : « Suite à une information parue dans la presse, Maxime Saada, DG du groupe

pas rien. Ce n'est pas rien de se rassembler quand le groupe est éclaté entre plusieurs immeubles et plusieurs métiers ; ce n'est pas rien de se réunir publiquement, au vu et au su de la direction ; ce n'est pas rien d'oser élever la voix quand on est détenu par un actionnaire qui, lors de sa prise de pouvoir, a décapité Canal+ en lâchant : « La terreur fait bouger les gens. »

Bolloré, Celui-Dont-On-Ne-Doit-Pas-Prononcer-Le-Nom

Dans l'AG, d'ailleurs, on ne l'appelle que « l'actionnaire », jamais Vincent Bolloré. Mais il est partout. Dans le « Bluebus » électrique *made in* Bolloré qui poireaute à l'entrée, dans la scène en train de se monter, juste à côte de l'AG, pour une fête de la musique interne sponsorisée par Vivendi et Universal. Il nous a même semblé voir une allusion à Bolloré dans le nom du restaurant d'en face, Volfoni, comme le Raoul des *Tontons flingueurs*. Faut le reconnaître, c'est du brutal, Bolloré.

Mais on dirait bien qu'après un an à subir sa stratégie, une partie des salariés de Canal+ – et tous les syndicats unis pour l'occasion – a décidé de montrer à Vincent Bolloré qui c'est, Raoul. « Ça passe par la parole, harangue

Canal, précise qu'une grève votée à titre symbolique par une trentaine de personnes n'engage pas les 7 000 collaborateurs du groupe. » Mais il faut croire qu'elle lui colle assez les miquettes pour qu'il se sente contraint de faire un communiqué.

une syndicaliste dans le mégaphone crachouillant, être un peu rebelle avec les chefs, être un peu critique avec ce qu'on nous demande de faire. Ça appartient à chacun de nous que cette boîte garde une âme. » Elle en appelle aux bonnes volontés, pourquoi pas une boîte à idées, une pétition sur Facebook pour clamer ceci au monde et aux abonnés : « C'est important qu'on dise que oui, on est révoltés par la suppression du *Zapping*, qu'on est révoltés par la suppression de l'investigation, qu'on est révoltés par ce qui se passe à i-Télé. »

C'est de là que le mouvement est parti, précisément à 400 mètres du siège boulonnais de Canal+, dans l'ensemble de bâtiments baptisé « Arc de Seine », ainsi que le disent, côté fleuve, les lettres plantées façon Hollywood. Depuis lundi, la chaîne d'info est en grève. Et c'est une drôle de grève. Un peu étrange. Un peu triste aussi. Mais c'est une grève. Une première en dix-sept ans d'i-Télé, lancée en 1999 en grande pompe, en l'espèce les estafettes satellite qui en faisaient alors sa particularité.

Suppressions de postes, publi-reportages et… Jean-Marc Morandini

Depuis lundi, à leur arrivée à i-Télé, les salariés ont le choix : soit ils sont grévistes et ils envoient alors un mail à la DRH pour se déclarer comme tels ; soit ils ne le sont pas et c'est pareil (enfin, le salaire en plus) puisque, depuis trois jours, quatre ce jeudi, la chaîne info a cessé le travail. Seuls signes de vie à l'antenne : les bandeaux déroulants qui sont actualisés, ainsi que la météo et l'heure. Pratique. Pour le reste, ce sont des rediffusions en boucle. Mardi, c'était *Le Document i-Télé*, un long reportage, qui a eu l'honneur de la boucle de grève. « On rigole entre nous, raconte un journaliste, on se dit que c'est l'heure de gloire du *Document* que la direction ne défendait pas vraiment. »

D'ailleurs, mardi, quand un journaliste a demandé au nouveau directeur d'i-Télé Serge Nedjar si *Le Document* serait reconduit à la rentrée, sa réponse a été lapidaire, glaciale selon les témoins, yeux dans les yeux : « Je crois pas, non. » Ce n'est pas le genre de beauté de la direction, les longs reportages. Pas plus que le journalisme, semble-t-il, puisque, dans la case de 18-19 heures à la rentrée débarquera Jean-Marc Morandini et que la direction d'i-Télé veut multiplier les publi-reportages. Et pas plus les journalistes. Une cinquantaine de suppressions de postes a été annoncée, parmi les CDD et les CDDU. Résultat, la direction, constituée de Serge Nedjar, Virginie Chomicki et Guillaume Zeller, s'est, en un mois, mangé une motion de défiance votée à 89,5 % (une autre première) puis désormais une grève, donc.

Une massive motion superbement ignorée par la direction qui, de comité d'entreprise interrompu en comité d'entreprise interrompu, a mené à l'arrêt de travail. « Que pouvait-on faire d'autre ? déplore un journaliste, c'est la direction qui nous y a forcés. On est restés sages très longtemps. » C'est un drôle de mouvement, venu de la base, où l'on discute beaucoup, où l'on n'est pas forcément d'accord. Entre salariés et syndicats, entre salariés tout court d'ailleurs. Mais ce qui les soude tous, c'est l'attitude de la direction, « méprisante ».

Lors du CE de mardi, la direction a été royale au bar. 11 ou 12 postes sauvés sur la cinquantaine de suppressions annoncées, un quart de l'effectif total d'i-Télé. Et encore, pas des emplois à temps plein : sur la grosse dizaine de reclassements, deux postes de permanents aux deux cinquièmes, pour travailler le week-end. Résultat, pour l'AG de mardi soir, fumasses, les salariés sont allés chercher Serge Nedjar dans le bureau où il se claquemure pour qu'il s'explique enfin. Travailler deux jours par semaine ? « C'est un choix », a-t-il dit. Nedjar a tenté de présenter son projet à 50 personnes de moins. Injouable, expliquent tous les journalistes, d'autant que les 50 postes sont « le moteur de la chaîne ». Et que, déjà, la chaîne info de Canal+ tire la langue : « On n'a pas besoin d'être moins, on a besoin d'être plus. » Lors de la « marche blanche » à Magnanville après l'assassinat de deux policiers, BFMTV, raconte une reporter, a dépêché 16 personnes. Et i-Télé ? Deux. Et c'est compter sans l'arrivée prochaine sur le marché de la chaîne info de France Télévisions, forte de toutes les rédactions publiques. Imaginez si 2017 était une année présidentielle…

La rédaction d'i-Télé l'a d'autant plus mauvaise qu'elle a « tenu le 1 % ». En septembre dernier, Vincent Bolloré en visite promet des investissements et demande à la rédaction de tenter de conserver ce point d'audience fatidique. Depuis des mois, la rédaction travaille « en autogestion » pour pallier « l'amateurisme de la direction ». En face, un Guillaume Zeller qui semble découvrir le métier de directeur d'une chaîne info – son surnom : « le stagiaire d'i-Télé », en référence aux fautes des bandeaux déroulants – et une Virginie Chomicki inexistante. Enfin pas tout à fait, raconte une journaliste : le 14 novembre, elle livre des gilets pare-balles aux journalistes sur le terrain après les attentats de Paris. Non sans se prendre en photo elle-même vêtue d'un des gilets et de poster la photo sur Facebook. Un cliché gênant vite supprimé. « Ça a été sa seule activité de l'année », grince la même journaliste alors que Virginie Chomicki est censée pondre le nouveau projet éditorial d'i-Télé qui, aujourd'hui, se résume à des suppressions de postes et à l'embauche de Jean-Marc Morandini. « On ne se bat pas pour 50 personnes, lance un journaliste, on se bat pour 200 personnes, parce que c'est la chaîne qui est menacée. »

Lors de l'AG de mardi soir, une fois la direction évacuée, les salariés se sont retrouvés à discuter : reconduire la grève ou pas ? Et pour obtenir quoi ? Quelle est la meilleure stratégie pour les CDD ? D'autant que si, de l'avis général, la proposition de la direction n'est « pas suffisante », la grille d'indemnisation prévue pour les départs est plutôt généreuse. Reconduction du mouvement, finalement. Il y a le mur de ce jeudi, dernier jour de juin, date à laquelle les CDD et CDDU ne seront pas reconduits, à part quelques-uns pour tenir jusqu'à la grille d'été à la mi-juillet. Au-delà, c'est le grand vide, la grille d'été présentée au CE de mardi est étique : après la matinale, ce sera, en alternance, un JT et une rediffusion jusqu'à 18 heures et la boucle de nuit qui commence à 23 heures, soit une heure plus tôt qu'aujourd'hui. « C'est du *low cost*, peste un journaliste, et ça annonce forcément une chute de l'audience. »

Mercredi, derrière les vitres sur lesquelles les salariés ont collé des petits papiers « i-Télé en grève », rebondissement. Sur fond d'attentat à Istanbul, certains tentent de négocier un service minimum contre le passage d'un bandeau expliquant aux téléspectateurs le mouvement social à i-Télé, un bandeau que la direction refuse depuis lundi. Retoqué. Les salariés ont, du coup, diffusé une tribune baptisée « Contre l'information en discontinu » afin de faire connaître les raisons du mouvement.

En grève, i-Télé discute. Beaucoup. De ce mouvement, un crève-cœur pour la rédaction qui tient la boutique toute seule depuis l'arrivée de la nouvelle direction : « Ça fait quand même bizarre, dit un journaliste, pendant dix mois on a essayé de faire ce qu'on pouvait, on organisait notre journée pour avoir l'antenne la plus propre possible, et là on se retrouve à l'arrêter. » Sur les écrans allumés en permanence, ils regardent les autres chaînes info et se posent cette question, désolante : « Une fois que tout ça sera terminé, que va-t-il se passer ? On va se retrouver entre CDI, et on va faire l'émission de Jean-Marc Morandini. »

Mercredi soir, la direction change de ton

Ce mercredi soir, et même si elle s'en défend, face au risque de contagion à l'ensemble du groupe, la direction a décidé de parler un peu mieux aux salariés d'i-Télé. En déléguant les négos à Gérald-Brice Viret, le patron des programmes, à Guillaume Zeller, le directeur de la rédaction, et à Sandrine Morin, la DRH de la chaîne. « Ils nous ont sorti les gentils », s'amuse un journaliste. De fait, ni Serge Nedjar ni Virginie Chomicki n'étaient présents. « Un désaveu », traduit un salarié. Les conditions de départ ont été améliorées et Gérald-Brice Viret va recevoir chaque responsable de tranche horaire pour évaluer ses besoins. Oui, parce que ça n'avait jamais été fait, figurez-vous. La parole est à l'AG, ce jeudi matin à 10 heures. Ce journaliste en sera : « Soit on n'est pas satisfaits et on reconduit la grève ; soit on n'est pas satisfaits mais on reprend parce qu'on a obtenu des choses. Maintenant, on leur a montré qu'on peut se mobiliser et qu'on peut se remobiliser. » C'est réactif, une chaîne info.

Réunis en assemblée générale jeudi matin, les salariés d'i-Télé ont décidé par 61 voix pour, 36 contre et 33 abstentions de reconduire la grève jusqu'à 18 heures. Dans une ambiance tendue entre CDD et CDDU dont le contrat se termine ce soir et qui craquent, et applaudissements pour les équipes qui font tourner la chaîne info depuis dix mois, c'est-à-dire celles nommées par la précédente direction que Vincent Bolloré a décapitée en septembre 2015. La décision de reconduire ou pas le mouvement est suspendue à des réunions, encore en cours, sur la grille entre les rédacteurs en chef des différentes tranches horaires et la direction représentée par Gérald-Brice Viret, Guillaume Zeller, Virginie Chomicki et une responsable des finances. La grille ou plutôt les grilles, celle d'été et celle de rentrée. Vertige : ces réunions n'avaient jamais eu lieu. « C'est ahurissant que, pour établir cette grille, aucun rédac chef n'ait jamais été consulté. Nous sommes le 30 juin, la grille d'été commence dans quinze jours ! » hallucine un journaliste. Résultat : « Comme les gens qui ont établi les grilles d'été et de rentrée n'y connaissent rien, aujourd'hui, telles qu'elles ont été évoquées avec les équipes mises en face, ça ne peut pas marcher. » Breaking news, donc : la direction d'i-Télé a décidé de demander leur avis aux gens qui savent. On avance.

D'ailleurs, le jeudi soir, la reprise du travail est votée. Les réunions toute la journée entre la direction et les rédacteurs en chef des différentes tranches horaires ont été jugées plutôt fructueuses. « Les rédac chefs ont eu l'impression d'avoir plutôt été écoutés par la direction », rapportait un journaliste dans la journée. Tout est loin d'être réglé pour autant. C'est une reprise, mais « nous restons vigilants », disent les salariés. Surtout, la majorité des CDD et des CDDU part ce soir, et les grilles, celles d'été et de rentrée, sont au régime sec. Et la direction qui a mené i-Télé à la grève est toujours là. Bolloré, leur grand gourou, itou.

Canal+ zappe Patrick Menais

9 juillet 2016

« Take it easy, no need to worry. » Ça va aller, pas la peine de s'inquiéter. C'est avec le tube reggae de Desmond Dekker que Patrick Menais a conclu, le 1er juillet dernier, l'ultime *Zapping* de Canal+ que la direction a décidé de supprimer après 27 années passées à décortiquer la télévision, à en dénoncer, têtu, les travers, en ne lui passant jamais rien. Eh bien si, il y avait lieu de s'inquiéter. Selon nos informations, Patrick Menais a été mis à pied pour « faute lourde » ce vendredi 8 juillet. Et ce jusqu'au 20 juillet, date à laquelle il est convoqué à un « entretien préalable au licenciement ». Ainsi va la vie au sein de Canal+ bolloréisé.

Quelle « faute lourde » ? À l'heure qu'il est, Patrick Menais, qui n'a pas souhaité répondre aux questions des *Jours*, n'en sait rien. La Direction des ressources humaines (DRH) de Canal+ lui a adressé un courrier vendredi qui mentionne cette « faute lourde » et sa convocation, mais pas le motif qui lui sera explicité lors de l'entretien du 20 juillet. Difficile d'imaginer que ce motif puisse être : « Se fout un peu trop ouvertement de la gueule de Vincent Bolloré dans *Le Zapping* ». Et pourtant. Tout se noue avec ce *Zapping* du 8 octobre

2015 qui reprend très largement des extraits du *Pièces à conviction* diffusé la veille sur France 3 et qui est la reprise d'une enquête censurée par Canal+. *Le Zapping*, dont le sous-titre est « *Le Zapping* reflète la télévision », fait son boulot en en passant des extraits… Bolloré censure ? Menais diffuse… La direction de Canal+ gronde tandis qu'elle entame une procédure de licenciement à l'endroit de Jean-Baptiste Rivoire, rédacteur en chef adjoint de *Spécial investigation* qui avait dénoncé tout haut la censure. Lequel coupe l'herbe sous le pied de la direction en adhérant au SNJ-CGT et en devenant représentant syndical au CE de Canal+. La procédure de licenciement sera finalement annulée.

Autre épisode, en avril 2016, *Le Zapping* reprend dans les grandes largeurs un *Complément d'enquête* de France 2 consacré aux méthodes de Bolloré qu'il entrecoupe de fous rires de Cyril Hanouna, l'animateur chéri du seigneur et maître de Canal+. Quelques jours plus tard sort cette étonnante info : l'année prochaine, *Le Zapping*, produit en interne depuis sa création en septembre 1989, pourrait être confié à une boîte extérieure, celle de Cyril Hanouna… Un Cyril Hanouna qui s'était vanté devant son équipe d'avoir appelé Bolloré pour dauber sur Menais après *Le Zapping* spécial Crédit mutuel.

Dans le dernier *Zapping*, ce tirage des *Chiffres et des lettres* : « P.A.R.I.A.S. »

Un Hanouna évidemment omniprésent dans *Le Zapping* dont l'hystérie, l'outrance sont épinglées par l'art du montage koulechovien[1] de Menais : la pseudo-baffe de Joey Starr à un chroniqueur, une pitoyable séance de lèche-bottes de son équipe à Hanouna… Et ce dernier *Zapping* du 2 juillet, triste, doux et élégant, enchaînant les extraits du dernier JT fabriqué par i-Télé sur Canal+, des adieux de Bruce Toussaint à la même i-Télé avec un tirage des *Chiffres et des lettres* qui affiche « P.A.R.I.A.S. », ou une maison qui s'écroule…

Mais, au fil des semaines et des mois, si Menais et l'équipe du *Zapping* se sentent bel et bien plus proches de la porte que de l'augmentation, rien ne leur est dit. Jamais une indication sur le devenir de l'émission – employons un mot qui en l'occurrence n'est pas galvaudé – culte. Le 15 juin, le vent du boulet se rapproche sérieusement : *Les Jours* révèlent alors que la direction de Canal+ a décidé de ne pas diffuser *Le Zapping* cet été, ce qui n'était jamais arrivé depuis 1994. Et le 28 juin, Gérald-Brice Viret, le désormais homme des programmes de Canal+, l'enterre officiellement. C'était lors de l'épique conférence de presse de présentation du « nouveau Canal » et l'argument de Viret avait estomaqué l'assistance : « Nous avons souhaité l'arrêter ; dans toutes les chaînes où je suis passé, il y en avait un, ça n'a plus de sens. » À noter : la direction de

1. L'effet Koulechov, du nom du réalisateur soviétique Lev Koulechov, montre comment le sens d'un plan est influencé par le plan suivant par le biais du montage. Son expérience, réalisée dans les années 1920, consiste à monter un même plan montrant un visage à l'expression neutre avec, successivement, un plan d'une assiette de soupe, d'une femme morte dans un cercueil, d'une fillette qui joue. Les spectateurs étaient formels : dans le premier cas, le visage exprimait la faim ; dans le deuxième, la tristesse ; dans le troisième la tendresse.

Canal+ n'a jamais cru bon d'informer l'équipe du *Zapping*, ni de la suppression estivale de l'émission, ni même de sa suppression totale.

Patrick Menais a déposé la marque à l'INPI

Entre-temps, Patrick Menais, qui est en CDI à Canal+, a commencé à préparer l'avenir. En compagnie de quatre membres de son équipe, il se présente comme on l'a vu aux élections professionnelles de Canal+ sur la liste de la CGT (encore une info *Les Jours*, vous êtes gâtés). Une façon de se mettre à l'abri, puisque les candidats bénéficient, comme les élus, d'une protection contre la rupture de leur contrat de travail. Et ce pendant six mois. Simultanément, selon nos informations, Patrick Menais dépose en son nom à l'INPI[1] les marques « Le Zapping » et « L'année du Zapping », sa grande rétro annuelle. Ce qui n'avait jamais été fait en 27 ans d'exercice. Selon plusieurs sources proches de Patrick Menais, ce pourrait bien être là la « faute lourde[2] » dont l'afflige la DRH. Sauf

1. C'est l'Institut national de la propriété intellectuelle qui permet de déposer marques, logos et innovations.

2. Le 10 juillet, Canal+ a reconnu dans un communiqué adressé à la seule AFP qu'il s'agissait bel et bien du motif de la « faute lourde » : « La société Canal+ a découvert que l'un de ses collaborateurs – M. Patrick Menais – avait déposé en son nom les marques "Le zapping" et "L'année du zapping" qu'elle utilise depuis de nombreuses années. Par ces dépôts, M. Menais a voulu s'approprier des marques qui font partie du patrimoine de Canal+. Pour défendre ses

qu'il n'y a pas de préjudice pour Canal+ à voir le nom du *Zapping* déposé par son créateur, puisque l'émission est supprimée de ses antennes.

Enfin, Patrick Menais prend un avocat, Me Jérémie Assous, qu'on a connu en d'autres temps défendant des candidats de *L'Île de la tentation*, le riant concept fessier de TF1. Il avait fait requalifier leur contrat de participants en contrat de travail, organisant une inédite et savoureuse immersion du Code du travail dans les slips et maillots de bain échancrés de la télé-réalité.

Jusqu'à sa mise à pied de vendredi, Menais nageait dans le flou. Des rendez-vous à la DRH où l'on parle de reclasser l'équipe dans le groupe – mais elle seulement, pas Menais –, rendez-vous annulés, reportés. Voilà Menais désormais au clair : Canal+ compte bien se débarrasser de son dernier gratte-poil. Dehors, à la porte. Et sans un sou puisque la direction tente de lui coller cette « faute lourde » sur le dos. Le statut de salarié protégé décroché par Menais en se présentant aux élections professionnelles va, pour le moins, ralentir la procédure puisqu'elle doit en passer par la tenue d'un comité d'entreprise et l'accord de l'inspection du travail. Mais la pression est mise.

La technique de la faute a déjà été utilisée par Vincent Bolloré : « faute grave » pour Rodolphe Belmer, le numéro 2 du groupe viré début juillet 2015, puis pour Ara Aprikian, le chef du gratuit, à la fin du même mois de juillet. Avant, finalement, d'abandonner le coup de

---

intérêts, Canal+ a été dans l'obligation d'engager une procédure à son encontre. »

pression de la faute pour procéder à des négociations. Patrick Menais a droit lui aussi à la violence *made in* Bolloré, mais avec une « faute lourde ». « Encore un black Friday », note un salarié de Canal+ en référence à ceux qui ont vu Belmer et Aprikian virés à un mois d'intervalle. Comme pour Belmer ou encore Aprikian, le badge de Patrick Menais va être désactivé. Après 27 ans, il ne mettra plus les pieds à Canal+. Jusqu'à ce vendredi 8 juillet, dans l'attente de son sort, Patrick Menais venait tous les jours au travail rejoindre son équipe au chômage technique. Dans le bureau du *Zapping* aux dizaines d'écrans, toutes les télés étaient éteintes.

Zapping : Menais à son terme

20 juillet 2016

Ça ferait un beau *Zapping* de Canal+. Dans la série *The Blacklist* sur TF1, à une seconde de se faire gauler par le FBI, Liz trouve refuge à l'ambassade de Russie. Tschhh… Sur M6, dans ce *Zone interdite* consacré au zoo de Beauval, on devrait bien trouver l'image d'un pauvre ouistiti houspillé par un gorille. Tschhh… Arte, *Les Valseuses* : « On n'est pas bien, là, paisibles, à la fraîche, décontractés du gland ? » Tschhh… Oui, la véritable grille télévisuelle de ce mercredi soir ferait un beau *Zapping* pour résumer la journée de Patrick Menais, dans le viseur de Bolloré depuis des mois. Ce mercredi matin, ainsi que l'annonçaient *Les Jours*, le zappeur en chef a eu droit à son « entretien préalable au licenciement ». Suivi, dans l'après-midi, d'un CE, obligatoire puisque Menais était candidat sur la liste de la CGT lors des dernières élections professionnelles. Lequel CE s'est prononcé à l'unanimité contre son licenciement.

Francis Kandel, l'élu CGT qui l'a accompagné à l'entretien à la DRH, l'a mauvaise. « On vire Menais comme un malpropre et on garde Morandini[1] ; c'est quoi, au juste, les valeurs qu'on défend dans cette entreprise ? » S'il n'est pas encore sûr que, du fait de ses activités de producteur de série à base de jeunes hommes, de foot et de vestiaires (mais surtout de vestiaires), Jean-Marc Morandini présente effectivement la tranche 18-19 heures d'i-Télé à la rentrée, il semble en effet certain que Patrick Menais soit sur le départ. Ce mercredi matin, « l'entretien préalable au licenciement » a été de pure forme. En face de Menais et Kandel, une des DRH du groupe Canal+ et un mutique Gérald-Brice Viret, le nouvel homme des programmes. Celui qui, fin juin, a justifié ainsi la suppression du *Zapping* : « Nous avons souhaité l'arrêter ; dans toutes les chaînes où je suis passé, il y en avait un, ça n'a plus de sens. » L'après-midi, lors du CE, aucune huile de Canal+ ne s'est déplacée au sujet du licenciement de Menais, salarié de la boîte depuis vingt-sept ans. L'avis défavorable du CE est simplement consultatif mais il devrait peser du côté de l'inspection du travail.

Car c'est désormais elle, du fait du statut de salarié protégé du patron du *Zapping*, qui doit donner son accord au licenciement. Et donc statuer sur la « faute lourde » que Canal+ a collée sur le dos de Patrick Menais. Pour virer un salarié protégé, seule peut être invoquée une « faute lourde » – ou « grave », le degré inférieur. Celle de Patrick Menais ? Avoir déposé fin mai à

1. À l'heure d'imprimer, le sort de Morandini n'était pas réglé. Les *Inrockuptibles* ont publié une enquête sur les conditions de production, pas très reluisantes, d'une websérie par Morandini qui mettait en scène de très jeunes hommes très peu habillés. Son employeur actuel, Europe 1, a suspendu leur collaboration, mais la direction d'i-Télé n'avait pas répondu aux inquiétudes des journalistes à ce sujet.

l'INPI les marques « Le Zapping » et « L'année du Zapping ». « Par ces dépôts, a déclaré Canal+ dans un communiqué envoyé à l'AFP, M. Menais a voulu s'approprier des marques qui font partie du patrimoine de Canal+. » Faute lourde et mise à pied pour Menais qui n'a plus le droit de se rendre dans les locaux de Canal+, vexation assortie d'une retenue de son salaire. « C'est une procédure violente, indique Francis Kandel, on reconnaît là la patte déjà utilisée[1] pour virer les anciens dirigeants, ça colle une ambiance dans la boîte… » Plusieurs salariés soulignant d'ailleurs la « loyauté » sans faille de Patrick Menais pendant vingt-sept ans « présent de 7 heures du matin à 7 heures du soir tous les jours, faisant des montages pour *L'année du Zapping* jusqu'à la dernière minute la veille de Noël… »

En vingt-sept années, Canal+ n'a jamais déposé le nom du « Zapping »

Tout l'enjeu, pour Menais, comme pour Canal+, est maintenant de montrer que l'autre a tort. Aujourd'hui, il a plaidé sa cause. Expliquant que, malgré ses avertissements répétés, Canal+ n'avait jamais jugé bon de déposer « Le Zapping » à l'INPI en vingt-sept années d'existence. Que Canal+ n'a jamais attaqué en justice ceux qui utilisent tranquillou le

1. En juillet 2015, lors de la prise de pouvoir de Vincent Bolloré sur le groupe, Rodolphe Belmer, ancien numéro 2 de Canal+, et Ara Aprikian, responsable du pôle gratuit (D8, D17), se sont ainsi vu imputer des « fautes graves » par la direction qui y a finalement renoncé pour procéder à des départs négociés.

terme de *Zapping* : *Le Point*, par exemple, a son « Zapping du *Point* », de même que *Le Figaro* ou encore le site légèrement facho sur les bords d'Alain Soral, *Égalité et réconciliation*… En revanche, Patrick Menais, lui, est viré. Surtout a-t-il fait valoir devant la DRH et lors du CE (selon les témoins, car lui n'a pas souhaité répondre aux *Jours*), il n'y a pas de préjudice puisque Canal+ a décidé de supprimer *Le Zapping*. « Sauf, bien sûr, note un élu avec une pointe de malice, à supposer qu'ils souhaitent confier *Le Zapping* à H2O, la société de production de Cyril Hanouna, à la rentrée, comme le bruit en avait couru… »

Interrogé par *Les Jours*, l'avocat de Patrick Menais, Jérémie Assous, qui représente également une partie de l'équipe du *Zapping*, voit l'avis défavorable du CE au licenciement comme « un premier désaveu cinglant de la direction de Canal+ dans ce dossier ». Si l'inspection du travail refusait de donner son accord au licenciement – elle a deux mois pour se prononcer –, Menais devrait être réintégré *illico*. Mais à quel poste ? Jamais la direction ne lui a proposé quoi que ce soit.

Ce que ce Canal+ reproche en réalité au *Zapping* de Patrick Menais, c'est bien sûr sa liberté de ton, sa façon de « refléter la télé » (c'est le slogan de l'émission) de Bolloré. Docu censuré par la chaîne cryptée, extraits des joyeusetés de Cyril Hanouna, *Le Zapping* n'a jamais rien laissé passer. « Bolloré en a fait une affaire personnelle », indique un élu. Ah, au fait, ce jeudi soir à 22 heures 40, France 2 rediffuse le numéro de *Complément d'enquête* intitulé « Bolloré : un ami qui vous veut du bien ? » dont Menais et son équipe avaient fait leur miel, aggravant un peu plus leur cas. Si vous ne l'avez pas vu, ne le ratez pas : il n'y aura pas de *Zapping* le lendemain pour rattraper le coup.

Jour de « faute » à Canal+ pour Maïtena Biraben

27 juillet 2016

C'était sa créature, à Vincent Bolloré. Celle qu'il avait choisie personnellement pour incarner la nouvelle ère de Canal+ en l'installant à la présentation du *Grand Journal*. Celle à qui il s'était à ce point lié qu'il lui promettait dans l'émission une longévité calquée sur la sienne, jusqu'au 17 février 2022, quand il prendra sa retraite, pour les 200 ans du groupe Bolloré. Et puis un communiqué de Canal+, le 2 juin dernier, a réglé son compte à Maïtena Biraben. Mais il faut croire que ce n'était pas suffisant : selon nos informations, l'animatrice est licenciée pour « faute grave », et elle est déjà mise à pied depuis le 20 juillet. Maïtena Biraben a l'intention d'attaquer aux prud'hommes.

La méthode Bolloré :

On finirait presque par être blasé. La vieille technique de la faute qu'on colle sur le dos de ceux dont on veut se débarrasser. Le numéro 2 de Canal+, Rodolphe Belmer, viré en juin 2015 ? « Faute grave ». Le chef du pôle gratuit du groupe, Ara Aprikian, viré fin juillet 2015 ? « Faute grave ». Patrick Menais, le patron du *Zapping* ? Ah, « faute lourde ». Lui a eu droit à la sanction la plus élevée. Dans ce dernier cas, la faute est toujours là. Dans les deux premiers, la sanction a été abandonnée pour procéder à des négociations. Une façon, souvent, de faire peur, de mettre la pression, histoire que le viré ne fasse pas d'histoire. Bim, une faute sur le dos pendant qu'on retire les parapheurs, qu'on coupe les mails, qu'on change les serrures des bureaux, qu'on désactive les badges. C'est la méthode Vincent Bolloré. Lors d'un comité d'entreprise de Canal+ au sujet des départs de Belmer et d'Aprikian, il avait déclaré : « La haute direction d'une grande maison mérite un peu de terreur, un peu de crainte. » Il a agi de même en 2005 en prenant le contrôle d'Havas, déclenchant contre ses dirigeants et notamment Alain de Pouzilhac une véritable campagne, procès à l'appui, tous perdus. Jusqu'alors, la pratique était rare au sein du groupe Canal+, et la faute lourde encore plus : des salariés ayant trempé dans des affaires de piratage d'abonnements à la chaîne cryptée sont ainsi partis avec une faute grave.

Avec Maïtena Biraben (qui n'a pas souhaité répondre aux questions des *Jours*), c'est encore différent. Le 2 juin dernier, quand Canal+ balance son communiqué, on était encore dans les amabilités de circonstance : « Maïtena Biraben a souhaité quitter la présentation du *Grand Journal* à la fin de la saison. Son énergie et sa passion ont nourri les émissions qu'elle a animées sur les antennes de Canal+. Nous lui souhaitons un plein succès dans ses projets. » C'est vraiment très attendrissant, jusqu'à ce que Yann Barthès, *corporate* en diable, ne mange le morceau dans *Le Petit Journal* le soir même : « Permettez-moi d'avoir un mot personnel, une pensée pour Ali Baddou [dont le départ a été annoncé le même jour, *ndlr*] et Maïtena Biraben qui ont appris aujourd'hui qu'ils quittaient Canal+, je vous embrasse. » Selon le site *Puremedias*, c'est même par le communiqué de Canal+ que Maïtena Biraben a appris que 2022, c'était ce jour-là, en fait, l'animatrice n'ayant pas été prévenue de l'info balancée par la direction.

L'aboutissement d'une saison du *Grand Journal* en forme de dégringolade en accéléré, du concept aux audiences divisées par deux. Un show qui tourne à vide, mal produit, mal éclairé, mal foutu, monté à la six-quatre-deux à l'été 2015, après le début du grand ménage expéditif par Bolloré. Avec une Maïtena Biraben au malaise communicatif, une souffrance à l'écran, pour elle et pour le téléspectateur. Le sauvetage espéré, avec l'arrivée de la machine à com Anne Hommel[1] débarquée en catastrophe, n'y a rien changé : à la télé, tout se voit. Et l'antenne n'est que le reflet des coulisses : larmes à quelques minutes de l'antenne, menaces de démission, engueulades au point que, comme on vous l'a déjà raconté, en interne, on affublait le plateau du *Grand Journal* de ce sobriquet congélatoire : « Le magasin Picard ».

1. Ancienne de l'agence de pub *Euro RSCG* et ex-attachée de presse de Dominique Strauss-Kahn époque Fonds monétaire international (FMI), Anne Hommel s'est spécialisée dans la com de crise, que ce soit pour DSK époque Sofitel ou *Charlie Hebdo* après l'attentat de janvier 2015.

Encore une histoire de gros sous

Entre la production maison, Flab[1], et Maïtena Biraben, le froid est en effet polaire. Au point que, selon notre petit doigt, l'animatrice était prête à rempiler pour une nouvelle saison, mais sans Flab. Les négos s'entament avec la direction de Canal. Et puis, le 2 juin, tombe le communiqué de la chaîne annonçant que Biraben « a souhaité » quitter la présentation du *Grand Journal*. En tout cas, Canal+ garde Flab, qui produira la prochaine saison du *Grand Journal* présenté par Victor Robert[2] mais pas Maïtena Biraben.

Et le 29 juin, la voilà convoquée pour un entretien en vue d'être licenciée pour « faute grave ». Lors du rendez-vous, le 7 juillet, l'animatrice est accompagnée dans la procédure par le syndicat maison +Libres, majoritaire à Canal+. Mais quelle faute grave a-t-elle donc commise ? Canal+ lui reproche une forme de déloyauté, d'avoir tout

1. Créée en 2004 par François Bénichou et Laurent Armillei (leurs initiales mêlées aboutissant à Flab), la société de production a été rachetée par Vivendi au printemps 2015 : pour le groupe, elle conçoit notamment *Le Grand Journal* depuis la saison 2015 et, en sus, *Le Petit Journal* à partir de la saison 2016.

2. Victor Robert est un pur produit maison. Il a commencé sur Canal+ avec *Le Journal des bonnes nouvelles*, au début des années 2000, il passe par i-Télé, présente le magazine *L'Effet papillon*, se colle aux sports, aux médias, aux JT… Jusqu'à celui intégré au *Grand Journal* en 2015. Et bon, bref, comme il était là, il y restera la saison prochaine. Pas le premier choix, certainement, mais en fait, peut-être pas le plus mauvais.

fait pour aboutir à une situation de blocage pour se faire payer sa clause de sortie, alors qu'elle voulait partir. Car oui, c'est encore et toujours une histoire de gros sous. Selon nos informations, Maïtena Biraben, qui est sur la chaîne cryptée depuis treize ans et en CDI depuis 2008, a signé en effet pour *Le Grand Journal* un contrat mirobolant avec Canal+, paraphé par Maxime Saada, le numéro 2 du groupe et validé par Stéphane Roussel, Bolloboy membre du conseil de surveillance de Canal+, et Vincent Bolloré en personne. À l'été 2015, après avoir viré Belmer et Renaud Le Van Kim, producteur de la vitrine en clair de la chaîne, il y a urgence à refaire un nouveau *Grand Journal* avec une nouvelle équipe et une nouvelle animatrice : « À ce moment-là, la direction de Canal était prête à tout pour avoir Maïtena », raconte un salarié. Bref, le contrat est aussi gros que le désir d'avoir Maïtena Biraben à la tête du *Grand Journal*. Surtout, il stipule qu'en cas de licenciement du fait de l'employeur, l'animatrice toucherait des indemnités conséquentes. Sauf… sauf en cas de faute grave ou lourde.

Dans un premier temps, la direction de Canal+ a tenté de signifier à Maïtena Biraben que peut-être, on pourrait s'arranger avec ce contrat un peu trop généreux. Réponse : signé, c'est signé. Alors du coup, Canal+ a choisi la manière forte : licenciement, faute grave, mise à pied. Ce qui évite le paiement de sa clause de sortie. Interrogé par *Les Jours*, Canal+ « ne souhaite pas s'exprimer, les négociations concernant le départ de Maïtena Biraben étant en cours ».

« C'est risible, juge un salarié, normalement quand il y a une mise à pied conservatoire, c'est que le salarié est potentiellement dangereux pour l'entreprise. On peut penser ce qu'on veut de Maïtena, mais elle est où, l'urgence de la sortir ? » L'urgence, non, il n'y en a pas ; le fait du roi Bolloré, oui.

Vincent et le monomythe

Vendredi 29 juillet 2016

D'abord, il y a eu « Bolloré ». Simple, direct. Ensuite, il y a eu « VB », vaine mais pourtant réelle tentative de prudence à l'endroit du nouveau patron. Puis il y a eu un simple « il ». Désormais, à Canal+, on dit « l'actionnaire ». « Ça me fait penser à l'Église, raconte un journaliste d'i-Télé, c'est l'Actionnaire avec un grand A. C'est le Tout-Puissant. On a l'impression que c'est quelqu'un qu'il faut vénérer. » L'actionnaire, donc : Vincent Bolloré, alias le Saigneur de Canal+, le Dépeceur de Belmer, l'Étrangleur de Meheut, l'Estourbisseur d'Aprikian, l'Égorgeur de DRH, de directrice du cinéma, de patronnes d'i-Télé, de chef des sports, etc. Un méchant, un dur. Il adore ça.

En vrai, pourtant, il ne fait même pas peur, Vincent Bolloré. Le 12 novembre 2015, après un show de motivation des troupes en son Olympia, il est sorti le dernier de la salle de spectacles, costume bleu trop large aux épaules tranchant avec les costards ajustés sombres (et chemise blanche), l'uniforme habituel des dirigeants de la chaîne cryptée. Il a taillé le bout de gras avec des journalistes, main dans la poche, il a parlé d'Universal (qu'il prononce « youniveursaule » à l'américaine), il a désigné du pouce derrière lui le fameux lettrage rouge qui, pour l'occasion, écrit « Canal » au frontispice de l'Olympia, il a dit : « Ici j'ai vu les Beatles en 64 avec Sylvie Vartan et Trini Lopez. » Et puis il est parti en lâchant : « À bientôt, les amis. » Sympa, quoi.

Six mois et une capilotade générale plus tard (les abonnés qui s'enfuient en courant, l'antenne sens dessus dessous, les audiences itou, i-Télé en toupie et le deal Canal+-beIN Sports censé tout sauver envoyé aux oubliettes), Bolloré était un peu moins sympa avec les journalistes lors de la conférence de presse présentant le « nouveau Canal » fin juin. Parce que quand vos serviteurs lui ont posé une question sur la censure du docu sur le Crédit mutuel au printemps 2015, il a redit non, non, « Je ne saurais pas comment faire ». Puis il a lâché : « En tout cas, à cette époque-là. » Curieux, lui qui avait pourtant déclaré au *Monde* : « Les coupures de presse sont celles qui cicatrisent le plus vite. » Il faut croire que pas si vite que ça, en fait…

En interne « Papa Bolloré » fait son petit effet

Tous, jusqu'à ses pires détracteurs, décrivent un homme séduisant, abordable. On le dit sans assistant ni chauffeur. Il a le compliment facile. Qui ne s'est jamais fait servir du « génie » par Vincent Bolloré a raté sa vie, qu'on soit « un génie de la production » ou « un génie de la photocopieuse », c'est la flatterie préférée de Bolloré. Le

3 septembre 2015, lors du comité de management où il dézingue l'état-major de Canal+, Vincent Bolloré aperçoit dans l'assistance Philippe Labro « qui a accepté oralement de devenir vice-président de CNews nous apporter son expérience extraordinaire, son charme, sa magie ». « Sa magie », rien que ça.

En interne, à Canal+, Bolloré, plus chaleureux que ces deux glaçons de Meheut et Belmer, fait son petit effet. On se couvre d'anonymat pour le dire, mais on le dit quand même. « Il est bien plus sympa que Meheut et Belmer » et « on le voit plus souvent ». L'homme a la gestion paternaliste et la prime de fin d'année facile. Auprès des anciens de Direct 8, la chaîne qu'il a lancée en 2005 sur la TNT gratuite, devenue D8 – lui, d'ailleurs, continue à dire « Direct 8 » –, Bolloré a la cote : « Il tutoie, demande comment vont les enfants, raconte un salarié, en arrivant il a dit aux anciens de Direct 8 : "Faudra me raconter s'ils vous ont fait du mal". » « Ils », ce sont bien sûr les ex-dirigeants de Canal+. Car, quand le groupe a mis la main sur Direct 8, il y avait des salariés dans le lot. Lesquels n'ont pas tellement apprécié qu'on vienne leur expliquer comment on fait de la vraie télé, pas un machin à base de mec déguisé en poulet, la marionnette emblème de Direct 8, et de Morandini, l'animateur problème de Direct 8. Nombre de témoins décrivent la joie d'employés à l'annonce du retour de celui que certains d'entre eux appellent « Papa Bolloré » et qui s'estimaient méprisés par Canal+. Oui, vous avez bien lu : « Papa Bolloré ».

« Vous avez été mes petits chevaux de Troie », a même pu leur dire Bolloré. Une tactique efficace, d'autant que les Troyens de Canal+ ont été aussi dupes que ceux d'Homère. « Ce n'est pas seulement que Meheut et Belmer ont fait entrer le loup dans la bergerie, reconnaît aujourd'hui une dirigeante virée par Bolloré, c'est qu'ils sont allés voir le loup en lui disant : "Dis donc, le loup, ça t'intéresse, la bergerie ?" » Les plus charitables diront que Meheut et Belmer ont été aveugles ; les moins, qu'ils se sont crus plus malins que Bolloré. À tort. Il a juste eu à attendre son heure.

Cheval de Troie ou, moins glorieux, stratégie du coucou, c'est la tactique de Bolloré : il prend un bout d'une boîte, s'installe au conseil d'administration et, très vite, il fait sa loi. C'est un raider. Raté avec TF1 en 1998 dont il sortira tout de même avec une jolie plus-value et l'inimitié sur plusieurs générations de Martin Bouygues (« Vincent Bolloré s'est comporté comme un voyou. Il m'a roulé, trompé, humilié. Je n'oublierai jamais », dira-t-il à *Challenges* en 2003[1]), réussi avec Havas en un an entre 2004 et 2005 et super réussi avec Vivendi : il vend en septembre 2011 Direct 8 et Direct Star (future D17) à Canal+ en échange d'actions Vivendi et, hop, récupère tout le bouzin.

Et quatre ans pile après, le 4 septembre 2015, histoire de bien marquer son territoire, Vincent Bolloré s'installe dans

1. Depuis, sa nièce Chloë s'est mariée avec Yannick Bolloré, fils de, et les noces auraient arrangé leurs rapports.

le bureau de Bertrand Meheut. Pas très pratique le bureau, mal foutu : à l'entrée, une marche invisible sur laquelle on manque souvent de se ramasser en entrant. Malin. Au propre comme au figuré, ça déstabilise l'arrivant. Devant un visiteur, contemplant ce jour-là son nouveau royaume, Bolloré a soupiré d'aise : « Il m'aura fallu quatre ans pour arriver dans ce bureau. »

Arriver dans ce bureau et se venger. De ceux qui l'ont pris pour un baltringue avec sa chaîne en forme de citrouille qu'ils allaient transformer en carrosse rutilant. Ces « arrogants », ces « prix Nobel », vous savez. C'est une des théories qui courent à Canal+ chez ceux qui se font des nœuds aux synapses pour tenter de décrypter le Bolloré, sa stratégie, ce qui le meut. Canal+ a viré Morandini au moment du rachat de Direct 8 ? Je vais te le recoller chez i-Télé, y feront moins les malins, ces journaleux. Et pis, je vais te leur flanquer Zeller dans les pattes, un mec de chez moi, et pis aussi Serge Nedjar, téléporté depuis Direct Matin. Et le clair de Canal, c'est la crème de la crème, hein ? Zou, sur D8, cette chaîne que, depuis la cryptée, on regardait avec tant de dédain.

« On ne s'énerve pas, on se venge »

« Quand vous avez une éducation de fainéant et de gosse de riche, vous développez un sixième sens qui est de trouver des collaborateurs qui vont faire le boulot à votre place. » La phrase est de Bolloré *himself*, lors de l'assemblée générale des actionnaires de son groupe. Une vanne, bien sûr, mais qui, comme toute bonne vanne, reflète bien la réalité. « C'est le roi du camp de Gitans », a même déclaré tout à fait officiellement[1] l'ancien flic Ange Mancini, recruté dans le groupe Bolloré. Les « Gitans » du roi Bolloré, ce sont Jean-Christophe Thiery, Dominique Delport, Michel Sibony, Stéphane Roussel, Serge Nedjar, Guillaume Zeller, Michel Roussin, etc. Toute la bande à Bollo – où il fait visiblement bon porter le pantalon – qu'il expédie dans ses diverses affaires pour y faire régner sa loi. Des hommes de confiance. Qui ne contestent pas la stratégie de leur souverain. Tout passe par lui. Il décide de tout.

Il est ainsi, Bolloré. Au-delà de faire fructifier son business (au fascinant classement annuel des fortunes de France par *Challenges*, il ne pointe qu'à la neuvième place), « Bolloré », analyse un fin connaisseur du bonhomme, « écrit sa saga et il faut que chaque épisode soit épique. C'est un vrai bon méchant de série comme on aime les détester, un J. R. Ewing, dont nous sommes heureux de rappeler la devise : "On ne s'énerve pas, on se venge." » Il ne s'est pas énervé, Bolloré : il s'est vengé.

Mais il a sa propre légende loin des Stetson et des derricks. Des lustres qu'il l'entretient, la polit, la rabâche sans

1. C'était dans l'émission de France 2 *Complément d'enquête*. Après la rediffusion de ce numéro le 21 juillet 2016, Vincent Bolloré a annoncé vouloir poursuivre en justice le groupe public « afin de mettre un terme à cette campagne insidieuse » et dit vouloir lui réclamer 50 millions d'euros au titre du « préjudice ».

cesse, on commence à la connaître : c'est le 17 février 2022 (on l'a même entendu de nos oreilles par sa bouche lors d'une conférence de presse de Direct 8 en 2005). Ce jour-là – ce sera un jeudi –, il déposera sur la tête de ses enfants la couronne de l'empire Bolloré. Et tchao la compagnie, direction son île des Glénan pour aller pêcher des moules. Car, ce jour-là, le groupe Bolloré aura 200 ans et Bolloré ne cesse de s'y référer, invitant chacun de ses interlocuteurs à une fiesta le 18 février 2022. 1822, les papeteries d'Odet créées le long du fleuve du même nom à Ergué-Gabéric, le papier à cigarettes OCB (pour Odet-Cascadec-Bolloré, Cascadec étant le lieu-dit où est implantée l'usine), les oncles qui débarquèrent en Normandie avec le commando Kieffer, ces hardis marins bretons d'ancêtres Bolloré, le transport, l'énergie, les ports en Afrique, Havas, les médias, les voitures électriques. L'empire, quoi.

La théorie du monomythe

Vincent Bolloré pousse même son goût pour la saga avec un conseil de lecture formulé à plusieurs cadres de Canal+ : *Le Héros aux mille et un visages*. Le livre, publié en 1949 par l'Américain Joseph Campbell, est un essai qui met en lumière la théorie du monomythe. Hein ? un monomythe ? Un truc assez fumeux selon lequel tous les mythes du monde s'articulent en fait autour d'un seul, le monomythe : le héros mène sa vie pépère, quand, soudain l'aventure, des épreuves, le triomphe du héros et le retour à sa vie pépère. *Star Wars*, en somme, et George Lucas se seraient d'ailleurs inspirés du monomythe. Voilà donc ce qui, à en croire ceux qui le côtoient, meut Vincent Bolloré : « Il l'applique à tout, aux films qu'il faudrait faire, mais c'est en fait à lui qu'il l'applique le mieux », sourit un ancien dirigeant de Canal+. Vincent et le monomythe, il nous aura vraiment tout fait, ce Bolloré. Notre héros Vincent menait sa vie pépère quand, soudain, l'opportunité de s'emparer de Canal+ se présente, il dégaine son sabre laser, terrasse quelques dragons, et reprend le cours de sa vie. Enfin, ça, c'est sur le papier.

Car, avec Canal+, c'est un monomythe qui s'effondre. Pourtant la légende était programmée au poil près. Bolloré devrait bientôt quitter la présidence de Canal+ pour la confier à un autre (son fils Yannick, déjà nommé au printemps au conseil de surveillance de Vivendi ?). Sauf que voilà, « On peut reprocher beaucoup de choses à Bolloré, juge un bon connaisseur de l'animal, mais pas de ne pas savoir faire des affaires, mais là… Là, pour la première fois, je me demande s'il n'est pas en train de se planter ». Car la télé, ce ne sont pas seulement des affaires, or, estime un salarié d'i-Télé, « Il n'a d'autre stratégie que financière ». Tandis qu'un autre analyse : « C'est la première fois que Bolloré vend des choses à des particuliers ; il ne sait pas faire. »

Bras cassé, Bolloré ? Il y a une autre théorie. Ils sont bien loin aujourd'hui les 2 milliards d'euros que Bolloré promettait d'investir dans Canal+ en septembre 2015 ; Vivendi préfère miser sur le financier pur et dur. En rachetant ses propres actions, notamment. Comme l'atteste un très officiel document de Vivendi[1], le 21 avril 2016, l'assemblée générale des actionnaires a voté un programme de rachat d'actions sur dix-huit mois qui arrive après une première salve de rachat de ses propres actions pour un montant de 1,85 milliard d'euros. Ne vous endormez pas, on va vous expliquer. Sous l'égide de Vincent Bolloré, ou plutôt d'Arnaud de Puyfontaine, un autre de ses hommes, président du directoire, Vivendi rachète ses propres actions et, couic, les supprime (pour près de 88 % d'entre elles). Pourquoi cette opération, en apparence baroque ? L'effet relutif, ça s'appelle et ça consiste à faire remonter le bénéfice par action. En faisant baisser le nombre d'actions de Vivendi existantes et ainsi mécaniquement monter le pourcentage de ses actionnaires. Ainsi Bolloré augmente sa participation sans débourser un fifrelin, c'est Vivendi qui paie. Malin.

Malin mais bien mal barré pour Canal+. Quoi qu'il advienne, il faudra ensuite que Vincent Bolloré se trouve quelque autre dragon à terrasser pour poursuivre son monomythe. Peut-être Orange, pourquoi pas Lagardère ? Du moment qu'il reste l'Actionnaire.

1. www.vivendi.com/wp-content/uploads/2016/06/Descriptif-du-programme-de-rachat-dactions-autoris%C3%A9-par-lAGM-du-21.04.16-.pdf

Annexe

Charte des droits et des devoirs des Journalistes du groupe Canal Plus

Préambule

Le droit à l'information, à la libre expression et à la critique est une liberté fondamentale. Ce droit du public de connaître les faits et les opinions détermine l'ensemble des devoirs et des droits des journalistes. La responsabilité des journalistes vis-à-vis du public prime toute autre responsabilité, en particulier à l'égard de leurs employeurs, de l'actionnariat du groupe auquel ils appartiennent et des pouvoirs publics et économiques. La mission d'information comporte des limites éthiques que les journalistes s'imposent.

Tel est l'objet de la déclaration des devoirs formulés ici.

Déclaration des droits

1) Les journalistes du groupe Canal Plus ont le droit de couvrir et d'enquêter librement sur tous les faits qui concourent à l'élaboration d'une information indépendante.

2) L'indépendance des rédactions du groupe constitue une condition essentielle de crédibilité et de réussite des chaînes du groupe. Il en va de l'intérêt de tous, journalistes et actionnaires du groupe.

3) Les choix éditoriaux ne sauraient être définis par les intérêts connexes des actionnaires du groupe auquel les rédactions appartiennent ni par ceux des annonceurs.

4) Les collaborateurs du groupe, y compris les non journalistes, apportent un soin particulier à éviter toute confusion entre le contenu rédactionnel et la communication publicitaire et promotionnelle. Ce principe vaut pour toute opération de partenariat ou de parrainage.

5) Les journalistes ne peuvent être contraints à accomplir un acte professionnel ou à exprimer une opinion qui serait contraire à leur éthique.

6) Dans l'exercice de leur métier les journalistes ne relèvent que de la direction de l'information du groupe.

7) La direction du groupe garantie aux journalistes les moyens nécessaires et suffisants à l'exercice conforme de leur métier.

Déclaration des devoirs

Les journalistes du groupe Canal Plus s'engagent

1) À respecter la vérité, quelles qu'en puissent être les conséquences pour eux-mêmes, en raison du devoir de faire connaître au public les faits nécessaires à l'exercice de son libre arbitre.

2) À défendre la liberté de l'information, du commentaire et de la critique.

3) À publier seulement les informations dont l'origine est connue du journaliste et de les accompagner, si nécessaire, des réserves qui s'imposent.

4) À garder le secret professionnel et à ne pas divulguer la source des informations obtenues confidentiellement.

5) À ne pas supprimer les informations essentielles ni altérer les textes et les documents.

6) À ne pas user de méthodes déloyales pour obtenir des informations, des images et des documents.

7) À s'obliger à respecter la vie privée des personnes publiques dans la limite de l'exemplarité de leur fonction.

8) À rectifier une information publiée qui se révèle inexacte.

9) À s'interdire le plagiat, la calomnie, la diffamation, les accusations sans fondement.

9) À n'accepter aucune consigne, directe ou indirecte, des annonceurs et refuser toutes pressions extérieures dont les journalistes pourraient en retour tirer avantage.

10) La rédaction tient pour incompatible avec son métier l'exercice de toute responsabilité politique.

Rôle de la Société des Journalistes du groupe Canal Plus et de son Bureau

Instance représentative élue, le Bureau de la S.D.J du groupe Canal Plus a comme seul mandant la rédaction et comme interlocuteur naturel et permanent les directions des rédactions et la direction du groupe.

La S.D.J de Canal Plus et ses représentants se déterminent, non en fonction des personnalités ou des équipes placées à la tête des rédactions, mais en fonction des valeurs définies dans cette Charte.

Tout journaliste du groupe Canal Plus confronté à une question déontologique ou d'indépendance est en droit de solliciter le Bureau de la S.D.J. afin qu'il saisisse la direction ou le comité d'éthique du groupe.

Cette Charte sera soumise à toute nouvelle direction du groupe ou des rédactions afin d'affirmer solennellement leur attachement aux principes énoncés.

Pour la Présidence du groupe Canal Plus
Jean-Christophe Thiery
Pour la direction du groupe Canal Plus
Maxime Saada
Pour la direction de la rédaction d'iTélé
Guillaume Zeller
Pour la direction des Sports
Thierry Cheleman
Pour le Bureau de la SDJ
Olivier Ravanello

Table

L'obsession *L'empire* se poursuit sur www.lesjours.fr : grâce au code EMPIRE-LESJOURS, vous pouvez bénéficier des deux premiers mois d'abonnement à 1 euro ou d'un an d'abonnement à 80 euros.

RÉALISATION : NORD COMPO À VILLENEUVE-D'ASCQ
IMPRESSION : NORMANDIE ROTO IMPRESSION S.A.S. À LONRAI
DÉPÔT LÉGAL : SEPTEMBRE 2016. N° 134718 (1603506)
IMPRIMÉ EN FRANCE